Moralidade & Ética de Líderes Mundiais

ROLF MÁRIO TREUHERZ
Especialista em economia e finanças

Moralidade & Ética de Líderes Mundiais

VOLUME II

da União Ibérica à Revolução Francesa

ALTA BOOKS
GRUPO EDITORIAL
Rio de Janeiro, 2024

Moralidade e Ética de Líderes Mundiais Vol. 2

ISBN: 978-85-508-2315-7

Impresso no Brasil — 1ª Edição, 2024 — Edição revisada conforme o Acordo Ortográfico da Língua Portuguesa de 2009.

Dados Internacionais de Catalogação na Publicação (CIP)
(Câmara Brasileira do Livro, SP, Brasil)

Treuherz, Rolf Mário
Moralidade e ética de líderes mundiais : vol. 2 / Rolf Mário Treuherz. -- 1. ed. -- Rio de Janeiro : Alta Books, 2024.

ISBN 978-85-508-2315-7

1. Ética (Moral filosófica) 2. Líderes 3. Moral I. Título.

24-195338 CDD-170

Índices para catálogo sistemático:

1. Ética 170

Eliane de Freitas Leite - Bibliotecária - CRB 8/8415

Grupo Editorial Alta Books

Produção Editorial: Grupo Editorial Alta Books
Diretor Editorial: Anderson Vieira
Editor da Obra: J. A. Ruggeri
Vendas Governamentais: Cristiane Mutüs
Gerência Comercial: Claudio Lima
Gerência Marketing: Andréa Guatiello

Assistente Editorial: Ana Clara Tambasco
Revisão: Denise Himpel e Paulo H. Aragão
Diagramação: Rita Motta
Capa: Karma Brandão

ALTA BOOKS
GRUPO EDITORIAL

Rua Viúva Cláudio, 291 — Bairro Industrial do Jacaré
CEP: 20.970-031 — Rio de Janeiro (RJ)
Tels.: (21) 3278-8069 / 3278-8419
www.altabooks.com.br — altabooks@altabooks.com.br
Ouvidoria: ouvidoria@altabooks.com.br

Editora **afiliada à:**

SUMÁRIO

INTRODUÇÃO

O primeiro volume contou a história da família do italiano Francesco Vivone, nascido em 1200, em Roma, autor do famoso livro *Moralidade e Ética*. Na obra, Vivone apresentou os conceitos de moralidade, decência e honestidade adotados durante sua vida.

Ao mesmo tempo, foi apresentada uma pesquisa histórica entre os anos 1200 e 1600, descrevendo os eventos mais importantes, tais como guerras, disputas entre reis e papas, invasões, batalhas religiosas, navegações oceânicas e descobrimentos de terras desconhecidas. Em seguida, os fatos históricos reais foram combinados com as atividades da família, que acompanhou *pari passu* praticamente tudo o que ocorreu nos diversos países onde viveu. Logicamente, esse convívio não poderia mudar demasiadamente a verdade histórica, referenciada com cuidado por meio de fontes confiáveis, refletindo adequadamente os acontecimentos desse período.

O objetivo do primeiro volume foi investigar, entre os principais personagens da História, quais poderiam ser considerados virtuosos de acordo com os conceitos emitidos por Vivone em sua obra. Neste segundo volume constará idêntica pesquisa, desta vez abrangendo o período de 1600 até 1800.

Para a fácil identificação das mudanças que ocorrerão na família, suas árvores genealógicas serão atualizadas de tempos em tempos, para que os distintos leitores possam acompanhar sua evolução. No primeiro capítulo deste segundo volume, optou-se por mostrar apenas os familiares remanescentes no ano de 1600, pois seus antepassados constam no volume anterior.

01

Na parte final do primeiro volume, os Vivone encontravam-se em Lisboa, onde souberam da situação criada em 1585, em que o rei Felipe II de Espanha tornou-se praticamente o "dono de todas as terras do universo" por assumir, ao mesmo tempo, os tronos da Espanha e de Portugal. Descobriram também que Felipe II, em 1588, sofreu uma fragorosa derrota quando tentou invadir a Inglaterra com os navios da sua famosa "Invencível Armada". Depois de falecer em 1598, foi sucedido por seu filho, que assumiu os nomes Felipe III de Espanha e Felipe II de Portugal (para maiores detalhes, veja capítulo 44 do primeiro volume).

Em 1605, a família Vivone era composta por Piatã, Ybyajara, Cauã e Teodoro, todos com 74 anos, e suas respectivas esposas, Sílvia, Trudy, Sherry e Elizabeth com idades entre 61 e 63 anos. Os quatro filhos, Elza, Charlie, Bruno e Alex, todos nascidos na Inglaterra, tinham entre 24 e 27 anos. A árvore genealógica encontra-se a seguir:

ÁRVORE GENEALÓGICA ABREVIADA DA **FAMÍLIA VIVONE** NO ANO DE 1600

Piatã (1531–) e Sílvia Taylor (1544–)

  Elza (1578–)

Ybyajara (1531–) e Trudy Watson (1542–)

  Charlie (1580–)

Cauã (1531–) e Sherry Paulson (1542–)

  Bruno (1578–)

Teodoro (1531–) e Elizabeth Evans (1543–)

  Alex (1581–)

Naquele momento, os Vivone moravam em Lisboa, na residência adquirida pelos seus antepassados, conservada pelos empregados que recebiam seus salários religiosamente do tio Aloísio, falecido em 1580.

Quando ainda moravam na Inglaterra, os pais tiveram um desempenho brilhante em suas respectivas profissões. Piatã era professor de cirurgia na Universidade de Southampton, Ybyajara era alto funcionário da British Research Institute for Astronomy and Advanced Mathematics, especializado em pesquisas da abóbada celeste e matemática avançada. Cauã, por outro lado, foi para o Ministério da Justiça da rainha Elizabeth I (1533–1603), e cuidava de todos os processos referentes a tributos da nobreza e da população em geral. Teodoro foi contratado como assistente de engenharia para cuidar das reformas do castelo de Windsor, também sob o reinado de Elizabeth I.

Todos os membros da família, sem exceção, frequentaram a Royal School of Moral Integrity, fundada pelos Vivone na Inglaterra, em 1410, para divulgar os ensinamentos do seu patriarca. No século XVII, a escola continuava pertencendo à família, assim como a propriedade denominada Baltimore Estate, onde a instituição está localizada. Essa imensa área situada perto do castelo de Windsor foi herdada de Lorde Baltimore, empresário inglês dono de uma das maiores empresas de navegação da Inglaterra. A Royal School é administrada por ex-alunos, remunerados por meio de generosa doação feita pela família Vivone. Durante algum tempo, esteve em plena atividade a Francesco Vivone Exportações Mundiais, encarregada da venda de vinhos produzidos na vinícola de Marseille, também de propriedade da família. A vinícola e a empresa de exportação foram vendidas em 1553 por Cristiano, também falecido, tio de Piatã, Ybyajara, Teodoro e Cauã. A língua falada pelos membros da família é o tupi, ensinado a todos pelas mães indígenas de Piatã, Ybyajara e Cauã. O tupi é também falado pelas esposas inglesas que aprenderam o idioma gradualmente.

02

Acabei de receber uma carta do Mr. Jack, nosso funcionário encarregado de cuidar da Baltimore Estate — disse Piatã. — Vou ler para vocês.

Baltimore Estate, 30 de outubro de 1605

Caro Dr. Piatã,

Estamos há tempos esperando notícias suas e de sua prezada família. Aqui as coisas correm dentro da normalidade, a Royal School está em franco progresso e o prestígio dos professores e dos alunos cresce em toda a Inglaterra. Estamos com saudades. Quanto às finanças, temos verba suficiente para as despesas da residência. As raposas estão tristes devido à sua ausência, mas estão todas bem.

Recebi recentemente uma carta da cidade de Braga, em Portugal. Tomei a liberdade de abri-la porque poderia ser algo urgente, mas como o assunto foge da minha alçada, decidi remetê-la o mais rapidamente possível.

— Vejam só o que diz essa outra carta — falou Piatã.

Prezados Senhores da família Vivone,

Descobri, por acaso, o endereço dos senhores em Lisboa e apresso-me para solicitar a sua orientação sobre o que devo responder a um grupo de portugueses que acabaram de me procurar. Sou zelador da propriedade da falecida Senhora

Margarida de Souza Vivone, esposa do também falecido Senhor Gordon Vivone. Como os senhores talvez saibam, venho tomando conta da propriedade de Dona Margarida por muitos anos, após o falecimento do meu pai Arnaldo Benevides, que era o encarregado de zelar por ela. Antes de falecer, o meu pai pediu-me para administrar a propriedade e passou para mim os recursos deixados pelos proprietários para esse trabalho.

O grupo português está interessado em implantar uma vinícola na quinta, pois tiveram notícias de que a terra seria perfeita para a plantação de uvas especiais que produziriam um vinho de alta qualidade. Como não tenho qualquer autoridade para negociar com o citado grupo, venho solicitar aos senhores para que me passem uma orientação sobre o que devo responder aos interessados.

Estarei à disposição e continuarei aguardando uma missiva dos senhores com alguma urgência. O nosso endereço é Rua das Andorinhas, 70, Braga, Portugal.

Cordialmente

Carlos Benevides

— Ora, vejam que coisa incrível — disse Piatã. — Pois não é que eu tinha esquecido que a nossa avó Margarida era proprietária de uma quinta em Braga? E temos sorte de ainda existirem pessoas honestas neste mundo, como parece ser o caso do senhor Carlos Benevides. Vejam que bela oportunidade para irmos até Braga conhecer a quinta da nossa avó e ver o que deve ser feito. Como Cauã é o advogado da nossa família, penso que seria ótimo ele ir também. Além disso, seria um passeio maravilhoso para nós todos, antes de tomarmos qualquer providência aqui em Lisboa. O que acham?

O entusiasmo foi geral. Partiram todos os doze Vivone para Braga.

Depois de certa dificuldade em localizar a quinta, conseguiram achar o Sr. Carlos Benevides, um simpático rapaz de uns 30 anos. Foram imediatamente conduzidos aos aposentos, em excelente estado de conservação. Carlos relatou que soube do seu pai que a senhora Margarida havia falecido em 1510.

— O meu pai não chegou a conhecer o casal de proprietários, pois quem tomava conta da quinta antes dele era o meu avô, nascido em 1460. Antes de falecer, Dona Margarida autorizou-o a alugar o sítio caso ela falecesse. A quinta esteve alugada durante todo esse tempo para diversos inquilinos e nós pudemos não só morar no local e conservá-lo adequadamente, como usar os recursos para o nosso sustento. Tendo em vista que os empresários que aqui estiveram poderiam eventualmente comprar o imóvel, resolvemos esperar por algum tempo até que algum negócio viesse a surgir. Portanto, estamos às ordens para o que os senhores decidirem.

— Esta sua atitude foi a de um cavalheiro — disse Ybyajara.

A reunião da família não poderia ter sido mais alegre depois das notícias relatadas por Carlos.

— Acho que, se decidirmos vender, devemos gratificá-lo generosamente — acrescentou Cauã. — Ele foi tão honesto que até parece ter se formado na Royal School.

— Calma lá, meu irmão — falou Ybyajara, em particular. — Será que ele é tão honesto quanto parece? Afinal de contas, nunca nos procurou para pedir qualquer tipo de orientação da família. Não haverá algum truque escondido por esse pessoal? Por sermos honestos, a nossa visão sobre a honestidade dos outros fica um pouco turvada. Temos que nos acostumar a desconfiar um pouco mais dos outros, mas ficarei muito feliz se você tiver razão.

Depois, Cauã disse ao empregado:

— Carlos, por favor, procure os tais clientes e diga-lhes que estaremos aguardando com prazer um contato conosco. Ficaremos aqui por algum tempo e aproveitaremos para visitar essa linda região que não conhecíamos.

Os portugueses vieram apenas um mês depois, no início do ano de 1606. Tratava-se de um grupo denominado "Portuguese Venture Capital" (PVC), cujos sócios, por coincidência, conheciam os velhos amigos da família Vivone, proprietários da Empresa

Franco-Portuguesa de Comércio Internacional. Logo se quebrou o gelo entre as duas partes e a reunião foi marcada pela total franqueza.

— Informo aos senhores que temos interesse em iniciar uma vinícola em sua propriedade, para produzir e vender vinhos especiais, principalmente para a Inglaterra, onde temos alguns contatos com importadoras de Londres — disse o Sr. Alfredo Alcântara, diretor geral da PVC. — Pelo que os senhores nos disseram, a sua família tem propriedades próximas ao castelo de Windsor, onde possuem uma excelente penetração no seio da nobreza britânica. Ora, um negócio como este que estamos planejando poderia ser de mútuo interesse, bastando apenas achar uma forma de realizar dois projetos, isto é, a venda a nós da quinta e um possível acordo de colaboração com a nossa empresa, para as referidas exportações. Antes de nos conhecermos, soubemos por informações dos nossos amigos da Empresa Franco-Portuguesa de Comércio Internacional, que vocês eram donos de uma vinícola em Marseille, uma das mais conceituadas exportadoras de vinhos franceses, competindo em igualdade com os produzidos em Bordeaux. Assim a vossa experiência neste ramo pode ser de grande utilidade para a nossa companhia.

— E o que os senhores estariam pensando, em matéria de preço, pela compra da nossa quinta? — perguntou Cauã.

— Na verdade, o que estamos fazendo é um cálculo comparativo com duas grandezas usadas atualmente para determinar o preço de propriedades como a da sua família. A primeira é o valor de outras quintas com área de 30 hectares iguais à sua. A segunda comparação é com o valor de uma caravela portuguesa, com aproximadamente 120 tonéis de capacidade[1]. Perguntarão os senhores: "Mas o que têm as caravelas com o preço de um imóvel?" E eu respondo que, atualmente, tudo está sendo avaliado em ouro, devido à exploração do metal nas colônias portuguesas, e, felizmente podemos, ter uma

[1] https://super.abril.com.br/mundo-estranho/como-era-uma-viagem-maritima-no--tempo-dos-descobrimentos

ideia de quanto gastaríamos se, em vez de comprarmos a sua quinta, comprássemos uma caravela para as nossas exportações.

"Então, vejamos: estivemos examinando uma linda quinta situada ao norte de Braga que seria adequada para os nossos propósitos. Entretanto, por estar mais ao norte, ela fica mais distante da cidade do Porto, onde seria embarcado o nosso vinho, o que aumentaria muito os seus custos. A sua quinta fica bem mais próxima do Porto, uma vantagem em termos econômicos. A propriedade ao norte foi-nos oferecida por 15kg de ouro. Uma caravela como a que citei está custando 75kg de ouro[2], ou seja, cinco vezes mais.

"Dessa maneira, considerando todos esses fatores, estamos dispostos a oferecer aos senhores 20kg de ouro, pagáveis em duas vezes, metade agora e metade em 30 dias, assim que tivermos em nosso poder a perfeita documentação da propriedade."

— Logicamente temos que nos reunir para chegar a uma decisão sobre a sua oferta — afirmou Cauã. — Estou ciente dos problemas que poderão surgir sobre a propriedade. Amanhã à tarde falaremos com os senhores.

À noite, reuniram-se todos, curiosos para saber quais os planos de Cauã.

— Bem, informo que estou preocupado com a documentação que teremos que apresentar antes de vender. Antes de falarmos nisso, porém, temos que decidir se aceitamos ou não o preço oferecido. Para mim, 20kg de ouro é um presente caído dos céus. Quem estaria de acordo?

A gritaria foi geral e a quantia foi aceita.

— Talvez vocês não tenham pensado na necessidade de apresentarmos um negócio limpo e sem mácula. Isso significa fornecer prova[3] de que somos os legítimos herdeiros da vovó Margarida, e para isso temos que percorrer um longo caminho, ou seja: apresentar algum

2 https://super.abril.com.br/mundo-estranho/como-era-uma-viagem-maritima-no-tempo-dos-descobrimentos

3 https://www.h-net.org/reviews/showrev.php?id=13577

documento antigo que mostre que a vovó e o vovô eram mesmo os donos da quinta. Eu sei que as propriedades imobiliárias eram normalmente registradas em igrejas ou em mosteiros aqui em Portugal[4], então deve haver algum papel antigo que mostre isso. Como nós recebemos os nossos salvo-condutos no porto de Southampton, para viajar, podemos provar quem somos e mostrar o nome Vivone. Se eles aceitarem esses documentos, podemos vender tranquilamente a propriedade.

— Caramba — falou Charlie —, ainda bem que trouxemos esses documentos da Inglaterra. Na ausência deles, os únicos que poderiam provar a nossa identidade seriam os nossos amigos da Empresa Franco-Portuguesa de Comércio Internacional.

— Concordo com você — completou Cauã. — Além disso, Braga é uma cidade pequena, onde a maioria das pessoas se conhece, e não seria difícil o senhor Alcântara se informar sobre os antigos proprietários da quinta. Ocorreu-me agora uma ideia quanto ao negócio em si. É claro que eles devem estar esperando uma contraoferta referente ao preço de 20kg de ouro, pois um negociante sempre oferece o mínimo pelo que deseja comprar. Assim, se vocês concordarem, pedirei 25kg pela quinta. Evidentemente, eles vão tentar regatear. Então podemos propor 24kg, mas com duas condições: em primeiro lugar, eles teriam que se comprometer a obter toda a documentação necessária para a venda. Em segundo lugar, para mostrar que estamos sendo "magnânimos" ao baixar o preço para 24kg, devemos exigir exclusividade nas vendas de vinhos para a Inglaterra, pois eles dependem do nosso relacionamento com os nobres do castelo de Windsor. Tenho certeza de que eles aceitarão.

— Cauã, meu bem — disse Sherry —, além de saber que você é um grande advogado, descobri que também é um gênio em negócios.

— Então vamos tentar ganhar mais 4kg de ouro e mais dois acordos.

4 http://cartorios.org/2015/04/24/a-bela-palavra-cartorio/

Depois de muita discussão, os portugueses capitularam e aceitaram os 24kg, sendo 14kg de entrada e 10kg na data da assinatura. Ficaram também com a incumbência de localizar os documentos e concederam aos Vivone a exclusividade nas vendas de vinhos para a Inglaterra. Ainda por cima, convidaram toda a família para um jantar num dos restaurantes de Braga onde, disseram eles, come-se o melhor bacalhau de Portugal.

Durante o jantar, os portugueses estranharam a língua falada pelos membros da família e indagaram a sua procedência.

— Somos todos ingleses, mas os nossos antepassados eram ingleses, franceses, portugueses e nativos brasileiros, e temos o orgulho de dizer que descendemos de um cacique indígena da etnia caeté — explicou Piatã. — Por isso falamos a língua tupi. O nosso contato com os indígenas começou com a viagem de Fabiano, pai de Ybyajara, para o Brasil, numa das expedições colonizadoras portuguesas, onde ele encontrou a sua esposa Yjara, a quem ensinou francês, português, italiano e inglês. Posteriormente, o seu irmão Florêncio fez uma idêntica viagem ao Brasil, e lá conheceu o amor de sua vida, Mayara, minha mãe. Enfim, somos bem diversificados em matéria de procedência. As nossas esposas são todas inglesas e viviam no castelo de Windsor. Posteriormente, dedicaram-se ao ensino de balé, o que, até hoje, constitui a sua predileção. Os nossos filhos, por outro lado, são todos nascidos numa cidade próxima ao castelo e frequentaram uma escola de nossa propriedade denominada Royal School of Moral Integrity, uma instituição que baseia o seu currículo nos ensinamentos do nosso patriarca Francesco Vivone, italiano nascido em 1200. Por incrível que pareça, além de frequentarem a Royal School, as nossas esposas aprenderam o tupi com grande esforço e dedicação, além do português, francês e italiano, e assim podemos todos conversar em qualquer uma dessas línguas. Aliás, os nossos antepassados compraram uma residência em Lisboa, onde estamos morando e de onde viemos para conhecer a quinta da nossa avó.

— Ora, mas vocês são realmente de uma espécie raríssima. Portugal necessita de pessoas com essa diversidade de conhecimentos. Quais são as suas profissões, se me é permitido perguntar? — indagou Alcântara.

— Eu sou médico e ex-professor da Universidade de Southampton, especialista em cirurgia geral — informou Piatã. — Teodoro, engenheiro, era encarregado das reformas no castelo de Windsor. Cauã é advogado e foi procurador de justiça na Inglaterra. E Ybyajara é ex-professor de astronomia do British Research Institute for Astronomy and Advanced Mathematics. Os nossos filhos estão em fase de pesquisa sobre suas futuras profissões.

— Bem, não poderia ter sido mais agradável este nosso contato, espero sinceramente que possamos repetir nosso jantar muitas e muitas vezes. Aproveito para desejar-lhes mil felicidades em sua permanência em Portugal, e assim que tivermos a documentação completa, pediremos aos senhores para assinarem o acordo final, e então pagaremos o saldo que devemos.

Após remunerarem Carlos Benevides com 500g de ouro, viajaram pelas redondezas de Braga, aguardando as providências de Alcântara. Em menos de dez dias, porém, estava tudo sacramentado e assinado, e o pagamento do saldo de 10kg foi recebido em 1º de dezembro de 1606. Cauã ficou responsável pela guarda dos 23,5kg de ouro, que foram posteriormente distribuídos aos familiares.

03

Até 1598, era rei de Portugal Felipe II de Espanha (chamado Felipe I em Portugal). O seu filho assumiu o trono da Espanha e de Portugal nesse mesmo ano, com o nome de Felipe III de Espanha e Felipe II de Portugal (1578–1621)[1].

Os Vivone, ao chegarem à residência em Lisboa, encontraram uma carta com o timbre do palácio de Felipe III de Espanha. A carta dizia o seguinte:

> *El Escorial, 12 de janeiro de 1607.*
>
> *Caro Professor Doutor Ybyajara Vivone*
>
> *Por determinação de Sua Majestade Rei Felipe III de Espanha e Felipe II de Portugal, tenho a honra de convidá-lo para comparecer ao Mosteiro de San Lorenzo de El Escorial na data de 10 de fevereiro de 1607, às treze horas, com a finalidade de proferir conferência sobre os últimos desenvolvimentos da Astronomia.*
>
> *Com os agradecimentos de Sua Majestade, subscrevo-me aguardando ansiosamente a sua digna presença.*
>
> *Cordialmente*
>
> *Alfonso Villas*
>
> *Ajudante de Ordens de Sua Majestade*

[1] http://ler.letras.up.pt/uploads/ficheiros/8272.pdf

— Mas que honra — disse Charlie. — Posso afirmar que meu pai é realmente um homem famoso. Após uma vida de tanto estudo e trabalho, me parece justo receber um convite como esse, e ainda por cima de Sua Majestade, rei da Espanha e de Portugal.

Recebido com muita pompa no El Escorial, Ybyajara foi conduzido à presença de Felipe, que pretendia receber uma atualização dos últimos progressos em matéria de astronomia, com interesse ainda maior nas vantagens do conhecimento da matéria para as navegações espanholas e portuguesas.

— Honrado pelo amável convite de Vossa Majestade, tentarei transmitir alguns dos conhecimentos adquiridos durante a minha permanência no British Research Institute for Astronomy and Advanced Mathematics, onde tive a oportunidade de lecionar e de conhecer a obra de famosos astrônomos, aos quais devo me referir durante a palestra.

"Conforme sabemos, os astrônomos de outrora achavam que a Terra era plana e que todo o sistema planetário girava em torno dela, considerada o centro do universo. Atualmente, podemos considerar ultrapassadas essas noções, mas é útil fazer um breve retrospecto das várias teorias apresentadas pelos mais importantes astrônomos, desde a antiguidade até hoje.

"Vou iniciar falando de um gênio chamado Arquimedes[2]. Ele era um físico, matemático, astrônomo e inventor grego. Nasceu na colônia de Siracusa, na Sicília, no ano 287 a.C. e morreu em 212 a.C. Entre suas descobertas matemáticas, estão os principais teoremas sobre a geometria dos círculos, cones, cilindros, planos, esferas e parábolas. No campo da astronomia, Arquimedes elaborou um mapeamento esférico do céu em três dimensões.

"Apesar de me afastar um pouco do tema, vale a pena mencionar que, no campo da física, ele desenvolveu o famoso 'Princípio de Arquimedes', onde afirmou que 'qualquer corpo mais denso que um fluido, ao ser mergulhado neste, perderá peso correspondente ao

2 http://www.infoescola.com/curiosidades/arquimedes-e-o-inicio-da-ciencia/

volume de fluido deslocado'. Além desse princípio, Arquimedes ainda inventou a alavanca com a qual é possível elevar cargas pesadas. Como Vossa Majestade deve ter tido conhecimento, ele foi o inventor das catapultas para lançar pedras, bem como cordas, polias e gruas para agarrar, virar e espatifar embarcações inimigas[3], chegando a proferir a famosa frase 'deem-me um ponto de apoio e uma alavanca e eu moverei a terra'. Com os seus engenhos bélicos, Siracusa resistiu durante três anos às invasões das tropas do general romano Marcellus Claudius.

"Uma das invenções notáveis de Arquimedes foi a criação de enormes espelhos que refletiam os raios solares destinados a incendiar as velas dos navios inimigos. Lamentavelmente, um dos soldados romanos desobedeceu a uma ordem para poupar a vida de Arquimedes, e acabou matando-o com um golpe de espada. Arquimedes havia estudado em Alexandria, onde teve contato com grandes matemáticos e astrônomos, entre os quais o grego Eratóstenes de Cirene, o matemático que fez o primeiro cálculo da circunferência da Terra.

"Eratóstenes[4] já havia descoberto que a terra era esférica, assim como um grego antes dele, de nome Aristarco de Samos[5]. Aristarco foi um dos primeiros que defendeu a teoria heliocêntrica, ou seja, que a Terra gira em torno do Sol. Mas suas ideias não atraíram quase nenhum seguidor, pois todos acreditavam que a Terra era o centro do universo, de acordo com a teoria geocêntrica. Eratóstenes foi tão genial que conseguiu medir a circunferência da Terra usando como medida o chamado 'estádio'. Cada estádio tinha aproximadamente 200m, e ele conseguiu apurar um total de 200 mil estádios o que somou 40 milhões de metros, ou 40 mil quilômetros para a circunferência. Além disso, para provar que a Terra é redonda, ele observou

3 http://www.matematica.br/historia/arquimedes.html

4 Eratóstenes de Cirene (276–194 a.C.) http://www.ifi.unicamp.br/~lunazzi/F530_F590_F690_F809_F895/F809/F809_sem1_2002/940298_AndreVinagre_Eratostenes.pdf

5 Aristarco de Samos (310–230 a.C.) http://www.dec.ufcg.edu.br/biografias/Aristarc.html

um eclipse lunar, quando a Terra passa entre o Sol e a Lua e projeta uma sombra sobre ela, e verificou que essa sombra era perfeitamente redonda.

"Além das evidências verificadas na astronomia, a curvatura da superfície da Terra pode ser provada, por exemplo, observando-se o horizonte enquanto os navios se afastam da terra[6]. Com apenas 10km de distância da costa, parte do casco de um navio já não é visível. A partir dos 20km veem-se apenas os mastros, até o seu completo desaparecimento. Entre outras contribuições, Eratóstenes também foi autor de um método para se calcular números primos, o que se chamou o 'crivo de Eratóstenes', e produziu um mapa do mundo conhecido em sua época.

"Devo mencionar mais dois grandes sábios. Um deles foi Aristóteles, que viveu no século IV a.C. Ele era um filósofo grego que também já considerava a Terra como sendo redonda, apesar de ainda acreditar que todos os astros giravam em torno dela, de acordo com a teoria geocêntrica. O outro foi Hiparco[7], um dos maiores astrônomos gregos, que catalogou com grande precisão cerca de mil estrelas do universo e foi responsável pela criação da trigonometria.

"Já na Era Cristã, apareceu mais um astrônomo chamado Cláudio Ptolomeu[8], um sábio grego que viveu no século II, estudioso e pesquisador de matemática, geografia e astronomia. Com base em observações astronômicas por ele anotadas, sabe-se que trabalhou em Alexandria, no Egito, entre 127 e 151 d.C., ficando assim conhecido como Ptolomeu de Alexandria. Sua maior obra consistiu num compêndio composto de treze livros sobre astronomia, geometria e trigonometria, chamado *Almagesto*[9], conhecido também como 'Síntese Matemática', obra na qual seu modelo foi exposto e constituiu a 'Bíblia Astronômica' dos 1400 anos que se seguiram. Nesses treze

6 http://www.mapas-historicos.com/terra-redonda.htm

7 Hiparco (c. 190 a.C.–c. 120 a.C.)

8 http://ecalculo.if.usp.br/historia/ptolomeu.htm

9 http://www.ghtc.usp.br/server/Sites-HF/Geraldo/almagesto.htm

livros, ele apresenta e desenvolve argumentos a favor da teoria geocêntrica[10] do universo e mostra também os resultados obtidos pelos astrônomos gregos da Antiguidade, sendo a sua principal fonte de conhecimento o trabalho de Hiparco, considerado o maior astrônomo da Antiga Grécia. Conforme mencionei um pouco antes, em seu catálogo estelar, Hiparco determinou a posição de aproximadamente mil estrelas. Coube a Ptolomeu dar continuidade a esse trabalho, aproximadamente 250 anos depois, onde registrou 1.022 estrelas, das quais 172 ele próprio descobriu. Entre os assuntos constantes na obra *Almagesto*, está também a construção do astrolábio, instrumento inventado por Ptolomeu para calcular a altura de um corpo celeste acima da linha do horizonte, e a parte final dedicada aos planetas, que constitui a contribuição mais original do autor à astronomia.

"É importante também mencionar um outro trabalho de Ptolomeu denominado *Geografia*[11], no qual ele elaborou, por meio de um sistema de linhas de grade para traçar a latitude e longitude de aproximadamente 8 mil locais, um mapa que englobava o mundo conhecido no auge do Império Romano. O trabalho de Ptolomeu era desconhecido para a Europa na Idade Média, mas por volta de 1300, estudiosos bizantinos começaram a introduzir cópias de seus mapas e textos na Itália. A primeira edição impressa surgiu em Roma, em 1477. Lamentavelmente, a *Geografia* de Ptolomeu continha grandes erros, atribuíveis em parte a seus cálculos errados com relação ao tamanho da Terra, que ele acreditava ser menor do que é. Um efeito de seu cálculo errado foi fazer com que Cristóvão Colombo subestimasse o tempo que levaria para chegar ao que ele acreditava ser a Ásia, navegando na direção oeste.

"Gostaria de mencionar um episódio engraçado que ocorreu numa das minhas aulas, quando um aluno me apresentou a seguinte pergunta: 'Professor Ybyajara, o senhor nos ensinou que antes do

10 http://mundoeducacao.bol.uol.com.br/geografia/geocentrismo-heliocentrismo.htm

11 https://hdl.loc.gov/loc.wdl/wdl.19495

nascimento de Jesus Cristo os astrônomos já sabiam que a Terra é redonda. Então porque alguns navegadores portugueses no século XV ainda acreditavam que depois do Cabo Bojador, na África, o oceano acabaria, os navios cairiam num precipício e seriam devorados por monstros?'

"Na verdade, expliquei a ele, apenas as pessoas menos esclarecidas acreditavam em algo dessa natureza. Os principais escritos cosmológicos do início da Idade Média continuaram considerando a Terra como esférica; e é seguro afirmar que no máximo em torno de 1100, época do Renascimento do século XII, o modelo geocêntrico de Ptolomeu, apesar de equivocado, havia suplantado qualquer dúvida acerca da esfericidade da Terra na mente de pessoas educadas no continente.

"Mas continuemos a nossa história da Astronomia. Mais recentemente, ainda no século XV, surgiu um astrônomo de nome Nicolau Copérnico[12], um famoso astrônomo e matemático nascido na Polônia, em 1473. Ele foi um defensor da teoria heliocêntrica, que afirma que o Sol é o centro do Sistema Solar, opondo-se assim ao geocentrismo, a teoria aceita na época, que afirmava que a Terra que estava no centro. Além disso, uma das suas grandes contribuições para a astronomia foi ensinar que os planetas se movem em órbitas circulares em volta do Sol na seguinte ordem: Mercúrio, Vênus, Terra, Lua, Marte, Júpiter, Saturno, e depois as estrelas. Nesta obra, Copérnico apresentou ainda aspectos muito importantes tais como a rotação da Terra, a inclinação do seu eixo, disse ainda que a distância entre a Terra e o Sol é pequena comparada com a distância até as estrelas. A obra de Copérnico serviu de referência a grandes astrônomos que posteriormente a aperfeiçoaram, tais como Johannes Kepler e Galileu Galilei, dos quais falarei mais adiante. Copérnico faleceu em 1543.

"Quando eu ainda lecionava na Inglaterra, dediquei algum tempo a analisar a tese de Copérnico, quando ele afirma que a Lua gira em torno do Sol. Cheguei à conclusão de que a Lua nada mais é do

[12] http://www.siteastronomia.com/nicolau-copernico-biografia-vida-obra

que um astro que gira em torno da Terra, acompanhando-a em seu movimento em torno do Sol. Talvez outros astrônomos que me sucedam confirmem a minha ideia.

"Quando se fala de astronomia não se pode deixar de mencionar o nome de Tycho Brahe[13], falecido recentemente, em 1601. Ele nasceu em 1546, em Knudstrup, Dinamarca. O seu conhecimento em astronomia foi influenciado pela leitura da obra *Almagesto,* onde demonstrou imperfeições no pensamento de Ptolomeu, passando a chamar a atenção dos astrônomos para a necessidade de instrumentos mais precisos e técnicas de observação mais acuradas.

"Em 1572, Tycho notou uma nova estrela na constelação de Cassiopeia, mais brilhante que o planeta Vênus. A estrela era tão brilhante que podia ser vista à luz do dia, e durou dezoito meses. Tratava-se de uma supernova[14], algo muito raro. Ele também chegou a ver um cometa.

"Imaginem que, em 1576, o rei Frederick II da Dinamarca deu a Tycho Brahe o presente que todo astrônomo gostaria de possuir: uma ilha inteira a leste de Copenhagen, chamada Hven. Brahe construiu nessa ilha o observatório de Uraniborg, onde realizou suas primeiras observações, com os instrumentos que ele mesmo fabricava. Mais tarde, construiu outro observatório, o Stjerneborg.

"Lamentavelmente, a natureza briguenta de Tycho levou-o a um duelo onde perdeu parte do seu nariz. Este seu temperamento colocou-o em desgraça, levando-o a se transferir, em 1599, para a corte de Rudolph II, em Praga. Em 1600, recebeu a visita do astrônomo Johannes Kepler, que se tornou o seu discípulo, e ao qual passou grande parte das suas observações.

"Tycho Brahe foi talvez um dos maiores observadores de todos os tempos. Ele desenvolveu novos instrumentos e novas técnicas para realizar pesquisas astronômicas, que foram depois usadas por

13 http://educacao.uol.com.br/biografias/tycho-brahe.htm

14 http://www.on.br/ead_2013/site/conteudo/cap7-historia/astronomia-renascenca/tycho-brahe/tycho-brahe.htm

Kepler para deduzir as suas ideias planetárias, que tem as elipses do sol como um dos focos.

"Pelo que vimos até agora, é interessante notar como as ideias dos diversos astrônomos são diferentes. Brahe, que já era conhecido em toda a Europa, desenvolveu o próprio modelo do Sistema Solar, no qual o Sol e a Lua estavam em órbita em torno da Terra, mas os planetas restantes estavam em órbita em torno do Sol.

"Em 1598, ele publicou o livro *Digressões sobre Mecânica Astronômica,* onde descreve os instrumentos que inventou e ajudou a construir. A sua obra-prima, publicada apenas depois da sua morte, foi *Novos conceitos astronômicos de Tycho Brahe.*

"Antes de abordar o trabalho de Kepler, é necessário falar de mais dois cientistas. Um deles, chamado Hans Lippershey[15], um fabricante de óculos nascido na cidade de Wesel, na Alemanha, em 1570. Ele descobriu como combinar lentes côncavas e convexas para visualizar objetos distantes e é conhecido como o inventor do telescópio, tendo também fabricado lunetas, as quais ofereceu ao governo da Holanda para uso militar. O governo lhe ofereceu 900 florins pela invenção, mas pediu-lhe que mudasse a concepção de luneta para modelo binocular.

"O segundo e muito importante astrônomo e matemático foi Galileu Gallilei[16], italiano nascido em Pisa, em 1564, conhecido pela alcunha de 'Pai da Moderna Astronomia'. Sem ter visto o telescópio de Lippershey, ele construiu o próprio, três vezes mais potente. Em seguida, construiu outros instrumentos trinta vezes mais poderosos e, ao apontar suas lunetas para o céu, fez várias descobertas importantes que revolucionaram a astronomia. Ele aceitou a teoria heliocêntrica, considerando o Sol como centro do universo. Foi o primeiro que construiu lunetas para observar corpos celestes e, numa de suas verificações, identificou as crateras lunares.

15 http://www.dec.ufcg.edu.br/biografias/HansLipp.html

16 http://www.e-biografias.net/galileu_galilei/

"Chegamos agora ao final da minha apresentação, que terminará com a descrição resumida da obra de Johannes Kepler[17], um astrônomo alemão, nascido em 1571, em Weil der Stadt, Württemberg, no Sagrado Império Romano-Germânico. Era um moço pobre e doente, mas a sua inteligência lhe proporcionou uma bolsa de estudos na Universidade de Tübingen, onde se matriculou para se tornar um ministro luterano. Nessa fase da sua vida, ele foi apresentado às ideias de Copérnico, que o entusiasmaram. Por motivos religiosos, Kepler foi forçado a sair da cidade de Graz, onde ensinava matemática, mudando-se para Praga, para trabalhar com o famoso astrônomo Tycho Brahe. Utilizando os dados coletados por Brahe, Kepler descobriu que a órbita do planeta Marte é elíptica. Ele publicou as suas descobertas no livro *Astronomia Nova*, e até hoje continua vivendo em Praga.

"Espero sinceramente ter correspondido com a expectativa de Vossa Majestade ao apresentar um resumo do trabalho dos principais astrônomos que até o dia de hoje nos presentearam com os seus conhecimentos no campo da astronomia. Tenho certeza de que o progresso científico nesse campo terá um desenvolvimento cada vez mais acelerado, graças aos equipamentos inventados recentemente, permitindo que a nossa vista possa chegar com mais facilidade aos astros que tanto nos encantam e que tantos mistérios possuem para serem desvendados.

"Para finalizar, gostaria de rememorar uma frase proferida por Johannes Kepler que me impressionou vivamente. Disse ele que '***os meios pelos quais os homens chegam ao conhecimento dos objetos celestes são muito menos maravilhosos do que a própria natureza desses objetos***'."[18]

Ybyajara foi ovacionado de pé pelos presentes. O rei Felipe III ficou impressionado com a fluência e a erudição com que ele conseguiu despertar e manter viva a atenção dos participantes. Sua Majestade

[17] http://kepler.nasa.gov/Mission/JohannesKepler/

[18] http://kepler.nasa.gov/Mission/JohannesKepler/

não resistiu ao desejo de conversar por mais tempo com um cientista do nível cultural de Ybyajara e o convidou para acompanhá-lo à famosa Sala dos Segredos[19] do El Escorial, para uma conversa a sós.

— Em primeiro lugar, gostaria de parabenizá-lo pela brilhante exposição que aproveitei imensamente, pois desconhecia a maior parte das teorias dos astrônomos mencionados por você. Ao mesmo tempo, quero aproveitar esta oportunidade para perguntar se é verdade o que ouvi a seu respeito, quanto à sua origem. Disseram-me que você é filho de nativos brasileiros e que fala correntemente a língua tupi e outros idiomas como o francês, italiano e inglês. Deve ser maravilhoso poder compreender tudo que se fala nessas línguas, mas a minha maior curiosidade é entender como os indígenas se comunicam e quais as suas religiões e suas crenças. Como, na verdade, o meu reino abrange todas as terras do universo, eu me arrependo de não ter tentado aprender outros idiomas que me permitiriam entender melhor como pensam os meus permanentes adversários.

— Se Vossa Majestade me permite, eu teria o maior prazer de lhe apresentar os nossos primos e nossos filhos, que são fluentes em todas essas línguas e, imagine, as nossas esposas, todas inglesas, aprenderam igualmente o tupi, além de serem professoras de balé. As demais línguas aprenderam numa escola de propriedade de nossa família, fundada pelos meus antepassados na Inglaterra, chamada The Royal School of Moral Integrity. Tenho a impressão de que eles adorariam poder ensinar todos esses idiomas, inclusive o tupi, a quem Vossa Majestade escolhesse.

— Seria um grande prazer recebê-los a todos, especialmente os seus rapazes poliglotas para ensinar os membros da minha corte. E as suas esposas seriam mais do que bem-vindas para mostrar novos passos de balé às nossas bailarinas. Quando podemos ter este prazer? — perguntou o rei.

19 http://www.secretosdemadrid.es/la-sala-de-los-secretos-en-el-escorial/

— Assim que eu chegar a Lisboa, providenciarei uma visita dos meus familiares a El Escorial e veremos como proceder, caso Vossa Majestade esteja disponível.

— Perfeito. Antes da sua partida, gostaria de mencionar um fato engraçado que contam sobre o poder desta "Sala dos Segredos" ou dos "Sussurros" onde estamos agora. A sala possui uma acústica extraordinária devido à forma pela qual foi construída. Por exemplo, se eu sussurrar uma frase neste canto da sala, ela será ouvida com perfeição no outro extremo, um verdadeiro milagre. Como você deve estar ciente, o El Escorial foi construído pelo meu pai entre os anos de 1563 e 1584, sendo que essa faraônica construção lhe custou uma verdadeira fortuna. Bem, dizem as más línguas que ele, em virtude do alto custo da construção, ficou sem dinheiro para pagar os trabalhadores, os quais tinham medo de protestar para receber os seus salários[20].

— Numa dessas ocasiões, o arquiteto Juan de Herrera, conhecedor do funcionamento da sala, decidiu aproveitar a acústica para fazer chegar ao meu pai essa reivindicação. Então, enquanto ele se encontrava com outros membros da corte no lado oeste, Juan dissimuladamente e no lado leste, sussurrou: "Majestade, não é bom deixar de pagar os trabalhadores por tantas semanas." Assustado por essa voz sem origem aparente, perguntou "Quem ousa falar assim ao Rei?" A resposta não se fez esperar... "O anjo da guarda dos trabalhadores", respondeu o arquiteto, antes de voltar para o centro da sala e se misturar com os demais convidados, como se nada tivesse ocorrido.

"Parece que a brincadeira surtiu o efeito desejado. Diz a história que o meu pai pagou o que devia e nunca mais atrasou o pagamento dos salários. Logicamente, essa história é apenas uma piada conhecida por todos que visitam El Escorial."

20 http://www.secretosdemadrid.es/la-sala-de-los-secretos-en-el-escorial/

04

Ybyajara voltou para Lisboa cansado, mas feliz. A família o aguardava ansiosamente e ouviu maravilhada o relato sobre sua conferência. A grande surpresa para todos foi o convite do rei aos filhos e às esposas.

No almoço, Ybyajara comunicou a todos sua intenção de se aposentar, tendo em vista sua idade, totalmente em desacordo com a expectativa de vida da época. Tal pode ser dito dos seus irmãos e de Teodoro, um mistério que só pode ser explicado pela qualidade de vida, pela preocupação com a saúde e principalmente com a higiene em todos os seus hábitos, algo diferente do resto da população. O responsável por isso foi Piatã, médico e constante batalhador por medidas de higiene nos hospitais e principalmente nas residências.

— Confesso que não me sinto com a mesma disposição que eu tinha quando era moço. Mesmo assim, quero manifestar um ardente desejo que venho alimentando há muito tempo — disse Ybyajara. — Sei que os meus irmãos e Teodoro várias vezes falaram sobre a intenção de conhecer a América do Norte, e agora poderíamos tentar realizar a nossa última viagem ao desconhecido. O meu relacionamento com Felipe III poderia vir a calhar para conseguirmos um transporte marítimo para o continente americano. Tendo em vista que o rei nos convidou para voltar a El Escorial, seria possível conversar com ele sobre esse assunto. Claro que as nossas esposas, se estiverem dispostas, poderiam se engajar no projeto. Os queridos filhos, por outro lado, deveriam aproveitar essa fantástica oportunidade para atender os desejos de Felipe e se entrosarem no palácio. Como vocês encaram essas minhas ideias?

— Excelentes — disse Charlie. — Suponho que a melhor alternativa seria irmos todos a El Escorial para cumprir os desejos do rei. Enquanto lá estivermos, ensinando tupi e balé, podemos aproveitar a oportunidade para pedir a autorização de Felipe para uma viagem à América.

Mais uma vez, Ybyajara enfrentou a viagem à Espanha para dar início ao projeto. Desta vez foi acompanhado por toda a família, com exceção de Piatã, Cauã e Teodoro. Foi entusiasticamente recebido por Felipe III, que já estava curioso para saber o motivo da demora dos Vivone. Depois das apresentações das esposas e dos filhos, Felipe convocou a nobreza e, durante o almoço de boas-vindas, comunicou seu plano de proporcionar o estudo de tupi e das aulas de balé.

O curso de tupi atraiu logo uma quantidade de navegadores espanhóis que deveriam se preparar para as viagens internacionais. A notícia sobre as aulas de balé foi um verdadeiro turbilhão. Todas as moças do palácio queriam participar e tiveram que ser separadas por idade e forma física. Dentro de um mês seria feita uma verificação pelo monarca, para avaliar o progresso dos participantes, além de uma demonstração do que as novas bailarinas teriam assimilado nas aulas.

A didática aprendida na Royal School mostrou a excelência com que todos conseguiram ministrar suas aulas. Felipe assistiu à demonstração dos alunos e ficou estático ao ver seus navegadores se comunicarem em tupi com os quatro Vivone. Ainda mais extraordinário foi o sucesso do show de danças e ritmos pelas raparigas espanholas. Apesar da idade, as professoras encantaram a audiência com verdadeiras acrobacias e incrível flexibilidade, transmitidas às alunas. Maravilhada ficou também a rainha Margarida da Áustria (1584–1611), esposa de Felipe III.

05

Ybyajara, feliz pelo sucesso dos filhos e das esposas em suas respectivas atribuições no El Escorial, decidiu que seria necessária sua presença junto aos que permaneceram em Lisboa. Queria tomar algumas decisões, especialmente sobre os bens da família. A situação financeira dos Vivone não poderia ser mais tranquila, principalmente por possuírem propriedades valiosas, entre as quais se destacavam:

1. A Baltimore Estate, na Inglaterra, herdada juntamente com a casa onde os Vivone passaram a morar depois do falecimento de Lorde Baltimore;
2. a Royal School, também construída numa das melhores áreas do imóvel mencionado, próxima ao castelo de Windsor;
3. a casa de Lisboa, onde estavam atualmente;
4. o ouro guardado por Cauã e depois distribuído aos familiares. Eram 23,5kg de ouro provenientes da venda da quinta de Braga, além dos recursos oriundos do passado, entre os quais constavam os lucros das exportações de vinhos para a Inglaterra e os recursos auferidos com a venda do vinhedo de Marseille. A família, no passado, também havia vendido 22 navios da frota mercantil, herdados de Lorde Baltimore.

Enfim, uma fortuna dessa magnitude demandava uma administração primorosa para garantir o futuro dos sucessores da família Vivone.

Antes de voltar a Lisboa, Ybyajara indagou junto a seus entes queridos, todos ocupados com as suas tarefas no El Escorial, se eles concordariam com sua volta para Portugal, e se estariam de acordo com o que vinha planejando há bastante tempo. Explicou que entre seus planos constavam a venda da Baltimore Estate e da Royal School. Nesse sentido, os recursos daí provenientes poderiam ser transferidos para a Espanha e utilizados para fundar uma nova escola nas proximidades do El Escorial.

Quanto à casa de Lisboa, Ybyajara gostaria de deixá-la para as esposas e para os filhos, necessitando apenas providenciar a documentação necessária. Cauã, o advogado, tomaria as devidas providências.

Quanto ao dinheiro e ao ouro existente, Ybyajara propôs que cada um dos membros da família ficasse responsável pela guarda do seu quinhão, pois não havia local onde pudessem deixar a riqueza e, ao mesmo tempo, ficarem tranquilos com a sua segurança[1].

As suas ideias foram consideradas bastante racionais, principalmente porque seria praticamente impossível administrar os bens situados na Inglaterra, em virtude da distância, do custo e do tempo de viagem. Além disso, Portugal é um país vizinho da Espanha e ambos estão sob o reinado de Felipe III, que tinha os Vivone no mais alto conceito. De qualquer forma, Cauã ficou seguro de que a família teria recursos suficientes para continuar vivendo no mais absoluto conforto.

Com a concordância de todos, Ybyajara ainda pôde se despedir de Felipe, comunicando sua intenção de inaugurar, num futuro próximo, uma escola dentro dos padrões da Royal School, que teria o nome de **ESCUELA DE INTEGRIDAD MORAL FELIPE III DE ESPAÑA**. Felipe ficou maravilhado com a perspectiva.

1 O Banco de Lisboa foi o primeiro banco de Portugal, fundado em 31 de dezembro de 1821. https://www.bportugal.pt/page/historia

Antes de voltar a Portugal, no entanto, Ybyajara foi informado por um de seus admiradores que Felipe III havia cometido uma série de erros em seu governo. Ao assumir o trono em 1598 — e sendo dono de um caráter fraco, apático e irresoluto —, deixou-se dominar completamente pelo duque de Lorna, D. Cristóvão de Moura, elevado a marquês de Castelo Rodrigo e nomeado vice-rei de Portugal, o que indignou os portugueses. Mesmo assim, Cristóvão procurou cimentar a união com a Espanha, desenvolveu a marinha, aboliu os portos secos[2] e as alfândegas, abriu os portos lusos aos ingleses e, por algum tempo, aos holandeses. Por ter sido muito breve, essa medida provou ser desvantajosa para os portugueses. Preocupado com a continuação dos conflitos com a Holanda, o rei viu-se forçado a assinar uma trégua na Europa, mas suas colônias ainda sofriam com as hostilidades, prejudicando o país.

Nessa época, Felipe cometeu um dos seus pecados mais marcantes. Publicou um édito expulsando definitivamente da Espanha os descendentes dos mouros. Eles tinham sido forçados a abraçar o cristianismo e formavam uma massa de população trabalhadora, cultivando admiravelmente a terra e enriquecendo o Estado. A sua expulsão foi fatal para a península, que perdeu perto de um milhão dos seus habitantes mais laboriosos e arruinou a agricultura e as manufaturas. Os que se recusavam a abandonar o país eram perseguidos como feras e assassinados, ficando somente as crianças de menos de 7 anos, vendidas como escravas. Essa expulsão dos mouros não foi movida só pelo fanatismo de Felipe, pois ele tratava, ao mesmo tempo, com os judeus de Portugal, para protegê-los contra os rigores da Inquisição, a troco dum subsídio importante[3].

2 Porto seco é um recinto alfandegado de uso público, administrado por uma entidade privada, que oferece serviços de armazenagem, movimentação, despacho aduaneiro de mercadorias importadas ou a exportar, em regime comum ou especial, sempre em área específica e delimitada, de tal forma que o controle aduaneiro seja mantido desde a entrada até a entrega dos produtos ao consignatário, no caso da importação, ou embarcadas em transporte internacional, no caso de exportação. http://www.fiesp.com.br/transporte-e-logistica/portos-secos/

3 http://www.arqnet.pt/dicionario/filipe2.html

Voltando a Lisboa no fim de 1611, Ybyajara convenceu Cauã, Teodoro e Piatã a empreenderem uma viagem rápida à Inglaterra para tentarem cumprir os objetivos definidos, ou seja, vender a Baltimore Estate e a Royal School. Apesar da idade avançada, todos concordaram e partiram para Southampton.

Logo após se acomodarem na residência da Baltimore Estate, souberam de Mr. Jack, o administrador, que um grupo escocês formado por ex-alunos da Royal School e vários capitalistas estiveram na propriedade, indagando se a família Vivone estaria disposta a estudar uma oferta pela área toda, incluindo a escola. *Novamente*, pensou Cauã, *os Vivone estavam sendo premiados pela sorte.*

Os escoceses eram amigos íntimos do rei James I da Inglaterra que, ao mesmo tempo, era James VI da Escócia. Mr. Jack tentou agendar uma reunião com os interessados e os quatro Vivone, mas o grupo solicitou que a reunião fosse realizada no castelo de Windsor, pois o Rei James I (1566–1625) queria participar do encontro.

— Mas por que o rei quer participar? Qual o interesse dele? Será que quer ampliar o castelo de Windsor incorporando a Baltimore Estate? E como ficará a Royal School? — perguntou Piatã.

Enfim, lá foram os quatro Vivone para a reunião com o grupo e com Sua Majestade, James I. Logo ao adentrarem o salão nobre das palestras e reuniões, o mais velho dos três escoceses apresentou-se como sendo o diretor presidente da "**THE SCOTTISH HUNTING AND EQUESTRIAN ASSOCIATION**", administradora das caçadas e cavalgadas do rei e da nobreza do castelo de Windsor. Pouco depois, entrou o rei James I com um largo sorriso. Cumprimentou os escoceses e se voltou para os Vivone, que mal conseguiam disfarçar a surpresa.

— É um grande prazer receber os atuais proprietários da Baltimore Estate e da Royal School of Moral Integrity. O nome da família Vivone é respeitadíssimo aqui no castelo, pois eu soube que um dos seus antepassados foi responsável pela construção da Capela de São Jorge. Aliás, seu nome está numa placa comemorativa em sua homenagem. Além disso, quero congratulá-los por ter fundado essa excelente escola, frequentada por grande parte da nobreza da Inglaterra. Além disso, soube do sucesso dos quatro ilustres senhores aqui presentes, cada um em sua especialidade. É uma pena que não pude conhecê-los antes. A Inglaterra deveria se orgulhar de pessoas com as suas qualificações. Chegou também ao meu conhecimento que a família se comunica no idioma dos caetés do Brasil, o tupi, além de falarem correntemente várias outras línguas.

— Majestade, em nome da minha família agradeço as palavras elogiosas que muito nos surpreenderam e alegraram. Estamos à sua inteira disposição para ouvir o propósito da presente reunião — disse Teodoro.

— Se Vossa Majestade me permitir, poderei adiantar o assunto para todos os presentes — sugeriu o Sr. McGregor, presidente da empresa.

— Prossiga, meu caro — aceitou o rei.

— Conforme havia proposto a Vossa Majestade, a nossa empresa realizou várias visitas a propriedades rurais situadas perto do castelo. Entre elas consideramos a mais adequada, para os seus propósitos, a Baltimore Estate, devido à exuberante floresta e à grande quantidade de animais que a habitam, como javalis, raposas, faisões e perdizes. Certamente, as caçadas que Vossa Majestade pretende fazer serão mais bem-sucedidas num lugar onde a natureza ainda está totalmente intocada. Nesse sentido, pensamos em propor aos senhores Vivone que estudem uma proposta de Sua Majestade para incorporar a Baltimore ao castelo de Windsor.

Piatã empalideceu ao ouvir de McGregor a intenção de organizar caçadas na área e pensou imediatamente nas raposas domesticadas que habitam os jardins da propriedade. O seu amor pelos animais jamais permitiria que fossem mortos para satisfazer um desejo do rei. A sua reação foi súbita e surpreendente.

— Apesar de estarmos extremamente honrados pela sua proposta, lamentavelmente não podemos dar início a qualquer tipo de negociação. Usar a Baltimore Estate para matar animais inocentes está fora de qualquer cogitação. Explico porque: quando nós éramos jovens, tivemos a felicidade de encontrar inúmeras raposas e outros animais. Por meio de uma técnica aprendida com meu povo, e com muita paciência, fiz algo que Vossa Majestade poderá considerar como um absurdo. Consegui domesticar uma quantidade enorme de raposas que atualmente vivem nos jardins em frente à nossa residência. Elas são totalmente mansas e adquiriram hábitos de animais domésticos. Portanto, para nós seria uma catástrofe se soubéssemos que elas estariam sendo mortas por caçadores. A única forma possível de estudarmos qualquer negócio seria através de um compromisso de Vossa Majestade de não realizar caçadas no local e utilizá-lo tão somente para cavalgadas e passeios — concluiu Piatã.

— Desculpe, caro amigo, mas não posso acreditar num despropósito dessa magnitude — esbravejou o Sr. McGregor.

— Pois estou disposto a provar ao prezado senhor e a todos que alimentarem qualquer dúvida sobre o que afirmei. Assim, convido-os para uma visita ao local, a fim de conhecerem as raposas que lá vivem em harmonia — respondeu Piatã.

— Eu certamente gostaria de ver com os meus próprios olhos para acreditar numa coisa dessas — disse o rei — e, se for possível, gostaria de fazê-lo amanhã cedo — sugeriu James.

— Então aguardaremos ansiosamente a visita de Vossa Majestade e dos senhores representantes da Scottish Hunting and Equestrian Association, às 11h da manhã, caso seja de sua conveniência — disse Piatã.

— Perfeitamente, lá estaremos — confirmou o rei.

Mr. Jack ficou apavorado quando soube da visita. O seu receio se baseou na quantidade de gente desconhecida que estaria presente e achou que as raposas poderiam fugir ao ver tantas pessoas de uma só vez.

— Não se preocupe, Mr. Jack, eu vou ficar brincando com elas até as visitas chegarem. Dessa forma elas verão que está tudo tranquilo — ponderou Piatã.

Às 10h do dia seguinte, Piatã começou a alimentar as raposas com bolachas, enquanto Cauã, Teodoro e Ybyajara pegaram três filhotes no colo. Repentinamente, Piatã ficou deitado no chão, imóvel, fingindo-se de morto. As raposas logo começaram a cercá-lo e a puxar a sua roupa com os dentes tentando reanimá-lo. Nesse momento, chegou o rei e os três escoceses que presenciaram a cena. Piatã sentou-se novamente e as raposas começaram a lambê-lo e a pular em sua volta. Ele ainda agarrou um dos filhotes e começou a rolar com ele, enquanto Teodoro, Ybyajara e Cauã se juntaram ao espetáculo e passaram a brincar com todas. Foi o suficiente para o rei acreditar no milagre perpetrado pela família Vivone.

Depois que Mr. Jack terminou o show, chamando as raposas para a porta da residência, o rei pediu para entrar e conversar com os Vivone sobre o que acabara de presenciar.

— Amanhã vou editar uma lei proibindo a caça em toda a Inglaterra — afirmou o rei. — Vou assegurar a preservação da fauna inglesa e estabelecerei punições severas para quem desobedecer. Acho que vocês nos deram uma lição maravilhosa e provaram que os animais devem ser tratados com respeito. Quanto a vocês, da Hunting and Equestrian Association, deverão mudar o nome para The Equestrian Association e poderão desistir de administrar caçadas por todo o meu reino. Quanto à oferta pela Baltimore Estate e pela Royal School, vou determinar aos meus assessores que entrem em contato com vocês sobre o assunto.

No dia seguinte, Piatã recebeu o principal assessor financeiro de James I, que lhe entregou um envelope com o lacre de Sua Majestade. A carta dizia o seguinte:

> *À ilustre família Vivone,*
>
> *Grato pela lição de humildade recebida durante a nossa visita à Baltimore Estate. Conforme já havia comunicado pessoalmente, meu reino está interessado em adquirir os direitos sobre a propriedade, o que incluiria, obviamente, a Royal School of Moral Integrity. Em matéria de valor, tenho o prazer de oferecer uma parte em ouro e outra em dinheiro. Em resumo, trata-se de 35kg de ouro e 50 mil laurels*[4].

[4] http://www.econ.puc-rio.br/pdf/td482.pdf, pag. 12

Aguardarei ansiosamente a sua resposta.
Rei James I

— O que vocês acharam da proposta — perguntou Cauã? — Como vocês sabem, um laurel vale aproximadamente 20 shillings. Essa moeda surgiu na Inglaterra, sob os Stuarts, quando Jaime I emitiu uma nova denominação de ouro, o "unite", uma libra esterlina de peso reduzido, depois substituída por uma peça mais leve de 20 shillings, denominado laurel.

— Por mim está mais do que suficiente — afirmou Piatã. — Se todos concordarem, podemos fechar o negócio. Entretanto, tendo em vista o perigo de sermos roubados se carregarmos toda esta fortuna para Portugal, sugiro que peçamos ao rei James que envie todos esses recursos aos Vivone que atualmente vivem no castelo El Escorial na Espanha. Para que os nossos familiares possam ter acesso a esses recursos, deverá constar uma cláusula que estipula a obrigatoriedade da presença de três membros da família.

Foi unânime a aceitação por todos. Enviou-se, em seguida, a carta ao rei, confirmando o acordo, com a solicitação do envio da importância total à família na Espanha. Foram incluídos os nomes de todos os Vivone, ou seja:

Piatã e esposa Sílvia Taylor, e filha Elza
Ybyajara e esposa Trudy Watson, e filho Charlie
Cauã e esposa Sherry Paulson, e filho Bruno
Teodoro e esposa Elizabeth Evans, e filho Alex

Com a concordância e as garantias por escrito do rei James I em um documento lavrado com o lacre de Sua Majestade sobre o pagamento e a remessa, os quatro Vivone ainda puderam se despedir do Mr. Jack e das raposas. Na Royal School, comunicaram aos diretores a troca de proprietários e embarcaram em seguida para a Espanha, pelo porto de Southampton, com previsão de uma triunfante chegada a El Escorial em uma semana. Prevendo qualquer transtorno ou atraso na viagem, enviaram o documento lacrado para a família, descrevendo detalhadamente o compromisso assinado por James I.

Mesmo com toda a cautela com documentos lavrados, ficaram um pouco desconfiados sobre a remessa do ouro e dos laurels para a Espanha. É muito dinheiro, mesmo para um rei. Aliás, Cauã havia estudado um pouco sobre o rei James I para avaliar se ele poderia ser qualificado como virtuoso. Ele era filho de Mary, rainha da Escócia e de seu segundo marido Henry Steward, Lorde Darnley, assassinado oito meses depois do nascimento de James. A sua mãe casou-se novamente, mas foi forçada a renunciar ao trono da Escócia em favor do filho James, nascido em 1566 no Castelo de Edimburgo. Mary fugiu para a Inglaterra, onde acabou sendo executada após um conluio católico contra Elizabeth I da Inglaterra, em 1587.

A infância e adolescência de James foi infeliz, anormal e precária, com vários mentores que lhe davam tratamentos diferentes. Sua educação foi baseada nos princípios calvinistas. Ele era extremamente inteligente e sensível, mas vazio e exibicionista, e tinha preferência por amizades masculinas, o que teve um efeito danoso sobre o seu prestígio e sobre os assuntos de Estado. Em 1589, James casou-se com Ana Oldenburg, filha de Frederico II da Dinamarca e da Noruega, com a qual teve oito filhos, dos quais apenas três sobreviveram. Em 1603, com a morte de Elizabeth I da Inglaterra, James mudou-se para Londres e se tornou o primeiro rei com a coroa dos dois países (Escócia e Inglaterra). Ele era entusiasmado por literatura e artes e teve entre os seus autores teatrais o grande William Shakespeare. Além do seu interesse pela arte, o rei foi responsável pela mais famosa tradução para o inglês da Bíblia, chamada *King James Authorized Version of the Bible*, publicada em 1611. Entretanto, como política religiosa, ele considerava que a suprema autoridade e o direito divino pertenciam à coroa, negando a autoridade dos puritanos e católicos.

Em 1612, dois ingleses de nome Bartholomew Legatt e Edward Wightman, por se rebelarem contra as doutrinas da religião católica e negarem a divindade de Jesus, foram acusados de heresia pelo bispo John King de Londres, do Consistório de Saint Paul. Legatt foi diversas vezes à presença do rei James I, que tentou convencê-lo inutilmente a se arrepender. Por sua ordem, Legatt foi queimado em 18 de março de 1612.

Edward Wightman foi queimado na cidade de Coventry, em abril do mesmo ano, também por ordem de James I. As suas heresias eram mais profundas que as de Legatt, consistindo na negação da trindade, da divindade de Jesus Cristo e do Espírito Santo, e de outras tantas pregadas pela religião católica.

Apesar das inúmeras boas qualidades demonstradas durante o seu reinado, a participação de James nesses dois episódios mostra uma outra faceta do seu caráter[5].

[5] Riddell, William R. "Burning at the Stake of Heretics", em http://scholarlycommons.law.northwestern.edu/cgi/viewcontent.cgi?article=2185&context=jclc

06

Um negócio como esse só mesmo a nossa família consegue — disse Cauã, comentando sobre a excelência do negócio concretizado com o rei. — Até hoje, o nosso patrimônio só cresceu, a sorte esteve sempre do nosso lado e espero que os nossos descendentes possam continuar nesse ritmo. Quando chegarmos à Espanha, daremos a fórmula do sucesso aos nossos filhos. Acho que a ciência do nosso progresso material está baseada em nossa honestidade e nos princípios morais oriundos dos ensinamentos do nosso querido patriarca Francesco Vivone.

Os quatro Vivone embarcaram num cargueiro de nacionalidade norueguesa, atracado em Southampton, cujo destino era a França, Espanha e Portugal, com partida programada para 20 de janeiro de 1612, dali a dois dias.

Muito desconfortável, a caravela se achava em mau estado de conservação, com uma tripulação que não parecia muito confiável ou experiente, mas não havia no porto qualquer outra embarcação que pudesse conduzir a família. Tais condições, apesar de representarem um risco considerável, foram aceitas por eles, principalmente devido à ansiedade de chegar o mais rápido possível a El Escorial.

Desta vez, porém, a sorte não sorriu para eles. Conhecido pelas frequentes tempestades, forte neblina com pouca ou nenhuma visibilidade, o Canal da Mancha é uma faixa de mar que liga a Inglaterra à França, unindo o Oceano Atlântico ao Mar do Norte. Assim que partiram de Southampton, ondas altíssimas começaram a fustigar o convés e não demorou para que a embarcação adernasse consideravelmente para um dos lados. O pânico se espalhou entre os passageiros e tripulantes, com a maioria rezando para que a tempestade perdesse força. Em pouco menos de uma hora, ocorreu o naufrágio em águas geladas, sem que sobrasse qualquer vestígio de sobreviventes. O desaparecimento do cargueiro norueguês só foi percebido muito tempo depois da data programada para atingir o porto de Calais, na França.

Enquanto isso, a rotina continuava no El Escorial, mas as preocupações com a ausência dos pais e maridos era crescente. Em março, repentinamente, todos foram chamados à administração do El Escorial, pois havia chegado uma caixa de ferro, lacrada com o selo do rei James I, dirigida aos membros da família Vivone. Do lado de fora da caixa havia uma bolsa de couro, também lacrada, contendo uma carta e um contrato onde se achava minuciosamente descrita a venda da Baltimore Estate e da Royal School, tudo assinado pelo rei James I e pelos quatro Vivone. A carta havia sido escrita por Cauã, descrevendo a operação de venda.

Ao abrirem a caixa, uma surpresa ainda maior, que por pouco não causou o desmaio das mulheres. Perfeitamente embalados, encontravam-se 35kg de ouro em barras. Ao lado havia ainda outra caixa, de madeira, com uma infinidade de moedas, com diferentes valores gravados. Foi difícil avaliar tantas moedas, denominadas laurels. Com a chegada dessa verdadeira fortuna, no entanto, aumentou ainda mais a preocupação com a ausência inexplicável dos viajantes. Sem qualquer notícia da Inglaterra, em meados de 1612, a família se viu forçada a tomar uma providência urgente. Os três rapazes cancelaram as aulas de tupi e embarcaram para a Inglaterra rumo à Baltimore Estate, deixando as mães e Elza, filha de Piatã e Sílvia Taylor, no El Escorial.

Os rapazes chegaram à Baltimore Estate em setembro, e desde logo perceberam que a propriedade havia sido transformada em área de recreação e de cavalgadas da nobreza do castelo de Windsor. A Royal School foi totalmente modificada, pois a sua administração passou à responsabilidade dos altos funcionários do rei James I. As raposas simplesmente desapareceram. Tudo estava diferente.

Dirigiram-se então ao castelo de Windsor, onde foram recebidos pelos emissários do rei, e ficaram sabendo que os Vivone haviam deixado a Inglaterra em janeiro, embarcando pelo porto de Southampton. Decidiram investigar no porto se os nomes dos seus parentes contavam da lista de passageiros de algum navio que estivesse programado para partir em 20 de janeiro de 1612.

Descobriram que o navio Lundgren, de nacionalidade norueguesa, era o único que havia partido nessa data e souberam, horrorizados, que ele nunca chegou ao seu destino, por ter naufragado numa das mais violentas tempestades já ocorridas no Canal da Mancha. Segundo as informações portuárias, não houve sobrevivente.

Desolados, os três rapazes não viram alternativa senão retornar à Espanha e comunicar toda essa desgraça à família. Durante a viagem, discutiram a possibilidade de terem uma profissão com a qual pudessem alcançar padrões mais elevados para manter a tradição de excelência da família, à semelhança dos pais falecidos. Cada um mencionou a sua preferência por um determinado ramo. Charlie optou por engenharia, física e química, Bruno escolheu medicina, pois era admirador incondicional do tio Piatã. Alex queria ser comerciante internacional, com o objetivo fixo de basear suas operações na América. Achavam que Elza deveria continuar com o balé e, quem sabe, se tornar uma das melhores bailarinas da Espanha, ou então continuar a formar o corpo de balé do Real Mosteiro de San Lorenzo de El Escorial, conforme vinha fazendo. Quanto às mães, ponderaram que elas já estavam com idades entre 66 e 68 anos, e sabiam que a sua resistência não duraria muito tempo. Tudo isso, portanto, seria assunto para ser conversado com a família.

A alegria da chegada foi logo transformada em profunda tristeza, causando uma imediata interrupção das atividades. Ninguém esperaria que tal tragédia pudesse ocorrer para a família Vivone, sempre tão feliz até aquele momento.

A discussão das ideias ventiladas durante a viagem foi profícua e houve total concordância. As mães, porém, não desejavam deixar o El Escorial, onde passaram os momentos mais prazerosos de sua existência. Além disso, queriam acompanhar o desenvolvimento artístico de Elza, que prometia ser uma das mais graciosas bailarinas do momento. Ela vinha sendo reconhecida como a mais deslumbrante artista da Espanha em sua modalidade, constituindo um verdadeiro milagre, apesar dos seus 34 anos.

Os três voltaram para Portugal e ali se matricularam na Universidade de Coimbra (fundada no ano de 1291), pois o certificado da Royal School permitia o acesso ao ensino superior em Portugal, bastando cursarem uma fase de adaptação pré-universitária. Como a residência continuava sendo propriedade da família, não tiveram qualquer dificuldade em matéria de acomodação. Além disso, em suas mãos achavam-se 13kg de ouro e cerca de 18 mil laurels o que correspondia à parte que lhes cabia dos recursos recebidos de James I. Com uma fortuna tão volumosa, poderiam empreender o que quisessem.

Foi um período de nove anos de estudos, o que incluiu o pós-universitário com especialização nas respectivas formações. Assim, ficaram ocupados entre 1613 e 1622 o que incluiu vários estágios e cursos de pós-graduação em suas especialidades. A grande vantagem que os Vivone tinham em comparação com outros alunos baseava-se no conhecimento profundo das línguas aprendidas na Royal School, entre as quais inglês, francês, italiano, além do espanhol falado no El Escorial e, finalmente o tupi, língua misteriosa que ninguém além deles conseguia entender.

Foi também uma fase em que os três conheceram inúmeras raparigas portuguesas, sempre charmosas e divertidas. Todas ficavam curiosas para descobrirem que língua os Vivone falavam entre si e não entendiam como conseguiam falar tantos idiomas.

Depois de saírem da universidade, puderam voltar aos seus planos de viajar para a América. Como Cauã mencionara antes de falecer, os Vivone tinham grandes amigos em Lisboa, entre eles os diretores da famosa Empresa Franco-Portuguesa de Comércio Internacional.

— Que tal se procurarmos os amigos do meu pai, que conhecem a nossa família há tanto tempo? — perguntou Bruno. — Eles fazem viagens regulares à América e poderiam nos aconselhar como proceder num caso desses. A empresa existe desde a época em que a nossa família tinha o vinhedo em Marseille e transportava os nossos vinhos para a Inglaterra e para Portugal.

Localizaram facilmente a empresa, e logo conseguiram chamar a atenção dos diretores, curiosos a respeito dos seus planos. Por meio deles, os três primos souberam que a Empresa Franco-Portuguesa de Comércio Internacional havia programado uma viagem para março de 1624.

Os diretores achavam que seria uma oportunidade única para organizar um posto comercial português na América do Norte, pois já não seriam os primeiros a se estabelecer no país. Eles sentiam que a concorrência iria aumentar, tendo em vista que, em 1607, os ingleses haviam fundado a vila de Jamestown, na Virgínia, os franceses, em 1608, chegaram a Quebec, no Canadá, os espanhóis fundaram Santa Fé, no Novo México, em 1609 e, em 1613, os holandeses inauguraram um posto comercial na parte baixa da ilha de Manhattan[1]. Tudo isso demonstrava a necessidade de agir com rapidez para se anteciparem a outros concorrentes e garantirem bons lucros.

Entre os vários assuntos conversados, os diretores relataram alguns fatos históricos cujo conhecimento era importante para os Vivone. Contaram que, na Inglaterra, um grupo de protestantes separatistas, também conhecidos como peregrinos, descontentes com a religião católica anglicana, queriam escapar da sua jurisdição, pois acreditavam que ela violava os preceitos bíblicos dos verdadeiros cristãos. Eles, então, emigraram para a Holanda, onde acharam que poderiam praticar sua religião livremente. No entanto, como eram lavradores, tinham dificuldade de prosperar na zona urbana e tinham

1 http://faculty.washington.edu/qtaylor/a_us_history/1600_1799_timeline.htm

medo de que os seus filhos adotassem a língua e os costumes holandeses, considerados por eles moralmente degenerados. Além disso, viam poucas possibilidades de estabelecer uma sociedade religiosa separada no país, e ainda por cima receavam a conquista da região pela Espanha, de religião católica, que certamente traria os horrores da Inquisição. Portanto, os peregrinos necessitavam de um lugar onde pudessem exercer livremente a sua religião[2].

Tal oportunidade surgiu em 1620. Nesse ano, uma empresa britânica, a Virginia Company of London, tentando sanar as suas graves dificuldades financeiras, dispôs-se a vender patentes especiais a colonos que desejassem estabelecer plantações na Virgínia, nos Estados Unidos. Apesar de a empresa deter o controle, os peregrinos teriam o direito de organizar seu próprio governo. Interessados em entrar no comércio da colônia, um inglês de nome Thomas Weston e um grupo de comerciantes financiaram a expedição dos peregrinos, tornando-os sócios em partes iguais[3].

Os peregrinos venderam suas propriedades na Holanda e compraram um navio chamado *Speedwell,* para levá-los a Southampton, na Inglaterra. Weston alugou um outro navio, o *Mayflower,* para acompanhar o Speedwell em sua viagem à América. Em 22 de julho de 1620, um grupo de trinta peregrinos ingleses deixou a Holanda e chegou a Southampton no fim do mês. Com sérios problemas estruturais, o Speedwell não pôde seguir viagem e teve que ser abandonado. Embarcaram então no Mayflower, com mais setenta não separatistas, empregados por Weston como trabalhadores. Partiram em 16 de setembro de 1620 no Mayflower, superlotado e mal provisionado, com 101 pessoas a bordo.

Ao atingirem o Cape Cod em novembro, os viajantes logo perceberam que não poderiam chegar à Virgínia, em virtude da costa rochosa e da ausência de ventos, concordando então em se fixar nesse ponto mais ao norte. Como não conseguiram atingir a Virgínia,

2 http://www.history.com/topics/mayflower

3 http://www.encyclopedia.com/topic/Plymouth_Colony.aspx

onde seriam proprietários, tecnicamente não teriam direito de se estabelecer no local onde se encontravam. Nessas circunstâncias, os peregrinos e os trabalhadores necessitavam de um arcabouço legal e decidiram assinar um documento chamado "Mayflower Compact", por meio do qual o governador e seus assistentes seriam eleitos pelos habitantes recém-chegados. Ao mesmo tempo, juraram fidelidade ao rei James I e atuariam como seus representantes. Em seguida, alguns emissários foram enviados ao porto de Plymouth, e o Mayflower finalmente lançou âncora nesse local em 16 de dezembro de 1620. Os passageiros, doentes e enfraquecidos, chegaram lentamente à terra para construir o que se chamou posteriormente de Colônia de Plymouth. Os habitantes de Plymouth sofreram muito no primeiro inverno na América do Norte. Com uma alimentação extremamente pobre devido à ausência de caça, com moradias e roupas precárias que não os protegiam adequadamente do frio intenso, eles não contavam com o rigoroso clima da região. Como consequência, aproximadamente metade dos colonos morreu.

O primeiro contato direto com os nativos norte-americanos ocorreu em março de 1621. Assim que soube da chegada dos colonos, o chefe Massasoit, do povo wampanoag, visitou o assentamento. Após troca de saudações e presentes, os dois povos assinaram um tratado de paz. O acordo no qual ambas as partes se comprometeram a não ferir uns aos outros foi o primeiro tratado entre nativos norte-americanos e um grupo de colonos estabelecidos na América. De acordo com o ajuste, se um wampanoag quebrasse a paz, ele deveria ser enviado a Plymouth para ser punido; se um colono violasse a lei, deveria ser enviado aos wampanoags.

Os indígenas norte-americanos ensinaram os colonos a cultivar e estocar soja e milho e a fazer uso da pele dos animais caçados como matéria-prima de roupas para o inverno, também auxiliaram na construção de casas mais resistentes que os protegeriam do rigoroso inverno. Para celebrar o feito, foi criada uma festa anual denominada Dia de Ação de Graças (o famoso "Thanksgiving Day").

07

Os três Vivone animaram-se com a perspectiva de aproveitar a viagem para também colocarem os pés na América, especialmente Alex, especialista em comércio internacional. Com o apoio dos amigos portugueses, puderam embarcar para a grande aventura em março de 1624, na caravela de nome Albatroz.

— Mas nós somos mesmo privilegiados. Vocês já pensaram se tivéssemos embarcado no Mayflower? Certamente estaríamos debilitados ou mortos. Este cargueiro é uma verdadeira maravilha em matéria de conforto. E a tripulação deve ter sido orientada pelos nossos amigos de que deveriam nos tratar com uma certa deferência — falou Bruno.

Não demorou muito para que os seus pensamentos fossem interrompidos por um dos marinheiros pedindo para se apresentarem com urgência ao capitão Barbosa. Como este sabia que Bruno era o único médico no navio, solicitou a sua presença em virtude de um grave problema de saúde que ocorria a bordo. O capitão informou que entre a tripulação de 42 marinheiros, 9 apresentavam inflamação nas gengivas com algum sangramento, inflamação e dores nas articulações, queda de cabelo e fraqueza extrema. Outros três queixavam-se de indisposição, náuseas, vômito, diarreia, dor nas articulações e nas costas e calafrios. Os doze marujos haviam acompanhado Barbosa numa das suas viagens de longa duração, com poucas escalas para reabastecimento e novamente embarcaram para mais essa viagem, que deveria também durar cerca de 45 dias. O próprio Barbosa alegou que sentia alguns calafrios e muita tosse.

Ao ser conduzido aos enfermos, Bruno logo tentou separar os doentes por tipo de sintoma, uma forma para determinar se há mais de uma moléstia entre eles. De fato, apesar de algumas semelhanças, havia certas manifestações que indicavam a existência de duas doenças diferentes. Dos doze tripulantes, três apresentavam febre alta, náuseas, episódios de vômitos, diarreia, calafrios, dor nas articulações, nas costas e no abdome[1]. Os outros nove se encontravam em situação lamentável. Estavam com as gengivas hipertrofiadas, queda e quebra de dentes, feridas de difícil cicatrização, fraqueza, estados depressivos e edemas[2].

Bruno perguntou ao capitão sobre o estado de limpeza em que se encontrava o navio e se havia casos de piolhos, ratos, baratas, pulgas e carrapatos. Soube que existiam esses bichos em profusão na caravela e a falta de higiene dos marujos era uma verdadeira calamidade. O capitão, meio acanhado, confessou que não havia instalações sanitárias a bordo e que os marinheiros, para fazerem as suas necessidades, se debruçavam "pelo costado da nau, voltados para o mar. Alguns caíam enquanto buscavam alívio e nunca mais eram vistos. Aqueles que podiam, valiam-se de bacias, cujo conteúdo fétido era depois despejado em qualquer canto[3]."

Bruno descobriu também que o abastecimento de água doce era totalmente inadequado, pois, armazenado em tonéis de madeira, apodrecia e se transformava numa fonte potencial de distúrbios digestivos. Como problema secundário, devido à escassez de água, os marinheiros praticamente não tomavam banho e usavam as mesmas roupas, o que provocava problemas de pele, piolhos, percevejos e pulgas.

[1] https://drauziovarella.uol.com.br/doencas-e-sintomas/tifo/

[2] http://www.saudemedicina.com/escorbuto/

[3] http://www.revistadehistoria.com.br/secao/capa/a-dura-vida-dos-navegantes

Por outro lado, os alimentos eram normalmente estocados nos porões úmidos e eram compostos de bolachas, mel, açúcar, passas e ameixas, nozes e castanhas, carne e peixes secos e salgados, lentilhas, banha, azeite e vinagre. Às vezes embarcavam animais vivos, como galinhas, cabritos, porcos e vacas que contribuíam para criar insetos e pulgas. Eventualmente, os marujos podiam se alimentar de mandioca e de sua farinha, que produz bijus[4].

— Bem, capitão Barbosa, o senhor está com um problema grave a bordo — falou Bruno. — Os três primeiros que examinei estão com tifo, decorrente da sua proximidade com piolhos, pulgas e outras pragas semelhantes que, conforme o senhor mesmo confirmou, existem em abundância em todos os cantos. Os outros nove estão acometidos de escorbuto, em virtude da deficiência de alimentação, especialmente de frutas, verduras e legumes.

— E o que o doutor recomenda? Existe cura para essas moléstias? — perguntou aflito o capitão.

— Lamentavelmente, para o tifo já foram utilizadas várias formas de tratamento, mas nenhuma teve o seu efeito realmente comprovado. Utilizam-se sangrias e outras barbaridades que eu desaprovo totalmente — respondeu Bruno. — Só existem mesmo medidas chamadas profiláticas, que consistem em manter o ambiente absolutamente limpo, evitando-se consumir águas podres, contaminadas por ratos e outras pragas, conservar os alimentos longe de ambientes com altas temperaturas, enfim, contribuir para a higiene de todo o navio é da maior importância para evitar a proliferação dessas doenças.

"Com relação ao escorbuto, foi triste que os marujos doentes não tenham recebido uma quantidade suficiente das chamadas frutas cítricas, como laranjas e limões, além de batatas, espinafre ou brócolis e verduras frescas e cruas. Nos casos mais avançados, caso os doentes recebam agora esses alimentos, não creio que possam fazer

[4] http://periodicos.ses.sp.bvs.br/scielo.php?script=sci_arttext&pid=S1809-76342010000200007&lng=pt

regredir completamente a moléstia, especialmente no caso de dentes quebrados ou perdidos.

"De qualquer maneira, só vejo uma forma de resolver o problema e prevenir novos surtos, especialmente do escorbuto. É imprescindível que o senhor atraque a caravela no porto mais próximo que me parece ser nas Canárias. Ali chegando, deverá ser feita uma completa e minuciosa limpeza em toda a embarcação. Ao mesmo tempo, deve ser providenciado com urgência um carregamento de frutas e legumes e dos demais itens que citei anteriormente. Os doentes devem ser levados para um hospital e não poderão seguir viagem. Por outro lado, sugiro que a tripulação saudável seja alimentada com carnes ou peixes frescos, tudo visando melhorar o seu estado físico. Com relação ao seu problema, capitão Barbosa, o meu exame demonstrou que o senhor não tem os sintomas que levariam à conclusão de que estaria também com escorbuto. Parece mais um enfraquecimento, devido às suas preocupações com os homens a bordo. Julgo importante que o seu navio fique no porto por mais algum tempo, para termos certeza de que o problema não venha a se repetir. Por último, estou à disposição para fazer uma palestra para toda a tripulação, visando esclarecê-los da necessidade de manterem hábitos de higiene totalmente diferentes dos normalmente praticados até agora."

— Agradeço imensamente ao doutor pelos sábios conselhos e pelo seu hábil diagnóstico — respondeu Barbosa. — Apenas aviso que estamos realmente próximos de Santa Cruz de Tenerife e lá poderemos cumprir suas determinações. Aliás, é um porto onde costumam atracar navios holandeses que partem com destino à América, pois fundaram um posto comercial no Rio Hudson, em 1613.

De fato, ao chegarem em Tenerife, os Vivone notaram que estava no porto uma caravela de nacionalidade holandesa. Aparentemente, além dos marinheiros, o navio transportava ao menos mais trinta passageiros, o que levava a pensar que se destinariam a aumentar a quantidade de imigrantes em Nova Amsterdam. Os três primos logo se interessaram pelo assunto e subiram pela escada de acesso, onde foram barrados por dois marinheiros.

— O que desejam os senhores? — indagou um deles, em inglês.

Antes de poderem esboçar qualquer reação, notaram que desciam pela escada do navio três lindas raparigas sorrindo para eles, deixando-os simplesmente encantados com a exuberante beleza. Bruno, o mais ousado, foi logo cumprimentando e pediu licença para lhes dirigir a palavra. Como não conhecia a língua holandesa, preferiu usar o seu melhor inglês.

— Para onde se dirigem as belas senhoritas nesta ilha paradisíaca? — perguntou.

— Estamos aqui em Tenerife para abastecer o navio antes da nossa próxima partida para a América — respondeu uma das moças também num excelente inglês. — O navio pertence à empresa holandesa Dutch West India Company[5]. A tripulação teve alguns problemas de saúde e o capitão Cuypers decidiu fazer uma escala aqui até resolver as dificuldades. Infelizmente o nosso monarca, príncipe Maurice de Orange[6], não se lembrou de enviar um médico em nossa viagem.

— Acho que deve estar havendo uma coincidência incrível. Imaginem que, por recomendação minha, a nossa caravela teve que fazer a mesma coisa. Doze dos nossos marinheiros estiveram doentes e estão presentemente sendo tratados no hospital de Tenerife.

— Mas o senhor é o capitão do navio? — perguntou ela.

— Não, eu estou aqui com os meus primos em viagem para a América e, por acaso, o capitão me pediu para dar uma olhada nos marujos, pois não sabia que moléstia tinham — respondeu Bruno.

— Então posso supor que o senhor é médico? — indagou a outra amiga.

— Sim, sou médico. E vocês, como aprenderam o inglês com tanta perfeição? — perguntou Bruno.

— Antes de mais nada, vamos dar a vocês os nossos nomes. Eu sou Betsie, as minhas amigas chamam-se Bell e Gisele. E como são os nomes de vocês?

5 Companhia Holandesa das Índias Ocidentais

6 Príncipe Maurice de Orange (1567–1625)

— Eu sou Bruno e meus primos são Charlie e Alex.

— Bem, quanto ao nosso inglês, nós estudamos na Inglaterra, numa escola que talvez vocês não conheçam, ela fica perto do castelo de Windsor e se chama Royal School of Moral Integrity. Foi uma experiência fantástica pois, além do inglês, aprendemos italiano e francês. Inclusive, lá nos ensinaram os valores morais que todos devem adotar na vida — acrescentou Betsie.

— Então eu acho que vocês não vão acreditar no que vou dizer. Até 1612, a nossa família era proprietária não só da Royal School como da Baltimore Estate, onde a escola está localizada. O meu pai, chamado Cauã, esteve na Inglaterra com os seus três primos e concretizou a venda dessas propriedades antes de tentarem voltar para a Espanha, onde nós estávamos ensinando a língua tupi para os nobres do mosteiro de El Escorial. A nossa prima Elza ainda se encontra no mosteiro, ensinando balé, ao lado das nossas mães. Lamentavelmente, os quatro primos faleceram num naufrágio no Canal da Mancha e não conseguiram chegar à Espanha — disse Bruno.

— É difícil mesmo de acreditar numa coincidência dessa ordem. Se for mesmo verdade, o sobrenome de todos vocês deve ser Vivone, pois os princípios morais ensinados na Royal School constam de um livro famoso de um italiano de nome Francesco Vivone, escrito no início do século XIII, chamado *Moralidade e Ética* — falou Gisele.

— Pois vocês acertaram. O nosso sobrenome é mesmo Vivone e nós também frequentamos a Royal School — confirmou Alex.

Pode-se imaginar o entusiasmo que acometeu o grupo recém-formado. Dava a impressão de que se conheciam há muito tempo, com tanta coisa em comum. Mas Betsie, preocupada com a próxima partida, pensou nos marinheiros que apresentavam sintomas estranhos na caravela holandesa, de nome Blockland, atracada ao lado da caravela portuguesa. E, em seguida, voltou-se para Bruno e indagou se ele se disporia a examinar os tripulantes doentes.

— Os fiscais do navio nem me deixaram subir a bordo — respondeu Bruno. — Portanto, acho que só poderei atender o seu pedido se o capitão autorizar. Terei muito prazer em verificar quais os problemas que existem no navio.

— Vou falar agora mesmo com o capitão Cuypers e avisá-lo de que o Dr. Bruno Vivone se encontra disponível para subir a bordo e necessita de sua autorização — disse Betsie.

Em pouco tempo, Betsie voltou informando que a mensagem foi transmitida ao capitão holandês.

— Enquanto aguardamos a licença do capitão, por que não vamos procurar um local para tomarmos um café ou um chá? — perguntou Alex.

Nesse momento, surge o capitão Barbosa, sorrindo e tentando adivinhar o que estariam fazendo os seus amigos Vivone no cais, conversando com três senhorinhas.

— Que prazer em encontrar o doutor. Posso lhe informar que três dos meus marinheiros estão apresentando melhoras depois de comerem laranjas e tomarem suco de limão por sua recomendação. Estavam em estado lastimável. E o que o doutor está fazendo aqui ao lado da caravela do meu amigo Cuypers? — perguntou Barbosa.

— Estamos aguardando autorização do capitão, pois estas simpáticas senhoritas solicitaram minha presença na caravela, pois a tripulação está enfrentando alguns problemas de saúde a bordo. Tomei a liberdade de convidá-las para um café e seria uma honra ter o capitão como nosso convidado — continuou Alex.

— Era o que eu estava procurando! Depois podemos cumprimentar Cuypers e ver o que ocorre com os homens — respondeu Barbosa.

Pouco depois, Bruno subiu a bordo com os primos, autorizados pelo capitão Cuypers, e passou a examinar os doentes. O diagnóstico levou Bruno a indagar sobre o reservatório de água, pois oito marinheiros apresentavam disenteria e vômitos frequentes. A resposta não foi satisfatória. A água estava armazenada há mais de trinta dias antes de embarcarem para Nova Amsterdam e não havia sido substituída por água fresca para a viagem. Ao examinar o depósito de água, Bruno verificou que não havia tampa, e um exame mais minucioso mostrou a presença de alguns ratos mortos flutuando no tanque.

— Capitão, queira me desculpar, mas o senhor precisa imediatamente limpar o reservatório e trocar a água por outra de alguma fonte existente aqui em Tenerife, sob pena de infectar toda a tripulação e todos os passageiros do navio. Não sei como os outros não estão com o mesmo problema, pois os ratos poluíram completamente a água, o que provocou os sintomas dos enfermos. Para reduzir o sofrimento deles, proponho adquirir pão no mercado e torrá-lo no forno, oferecendo-o a eles com água ou chá. Tente fazer peixe cozido também na água com um pouco de sal e batatas cozidas. Haverá logo uma sensível melhora — comunicou Bruno. — Sugiro ainda que seja adotado um sistema sanitário simples, destinado a eliminar completamente todos os dejetos humanos, evitando que contaminem também o ambiente nos porões da caravela.

As raparigas ficaram maravilhadas com a calma e a capacidade de Bruno resolver tão eficazmente um problema que poderia ter sido evitado desde a saída de Amsterdam. Cuypers e Barbosa se entreolharam com certa vergonha por serem os responsáveis pela higiene e pela saúde a bordo.

Os navios ficaram em Tenerife por mais tempo do que o previsto, o que contribuiu para os Vivone se entrosarem com as meninas. Após a higienização das embarcações e da nova dieta, houve uma pequena melhora dos doentes acometidos pelo escorbuto, mas foi impossível salvar os que sofriam de tifo, que acabaram falecendo. Apenas três dos que sofriam de escorbuto puderam embarcar, os outros ficaram em Tenerife, sem condições de continuar a viagem. As duas caravelas, totalmente abastecidas com alimentos recomendados por Bruno, partiram em meados de setembro de 1624. Bruno, Alex e Charlie combinaram um novo encontro com as holandesas em Nova Amsterdam. O prestígio dos Vivone, especialmente de Bruno, cresceu consideravelmente entre a tripulação. Barbosa resolveu mudar o roteiro da viagem, decidiu acompanhar o Blockland e tentar estabelecer o posto comercial nas proximidades de Nova Amsterdam. Foi uma excelente notícia para os três aventureiros.

Antes de chegarem à foz do North River[7] também chamado River of the Prince Mauritius, o capitão Barbosa contou aos Vivone que, em 1609, os holandeses haviam financiado um navegador inglês de nome Henry Hudson para que tentasse achar o que chamavam de "Passagem para Noroeste." Eles pensavam que o rio os conduziria do Atlântico até o Pacífico. Hudson subiu pelo rio, que a certa altura alargava consideravelmente, o que o fez pensar que tivesse alcançado a passagem para noroeste, mas tratava-se na realidade da baía de Haverstraw. Depois de atracar na margem oeste dessa baía, ele reivindicou o território como sendo o primeiro assentamento holandês na América do Norte. Em seguida continuou a navegar rio acima, apenas para chegar à conclusão de que a tal passagem na verdade não existia[8].

Em consequência disso, os holandeses começaram a colonizar a região e estabeleceram a colônia de Novos Países Baixos, com três postos avançados chamados Nova Amsterdam, Wiltwyck e Fort Orange. Nova Amsterdam foi fundada na embocadura do rio[9], Wiltwyck estava localizada no trecho médio[10] e Fort Orange[11] ficava na parte mais distante rio acima. Nova Amsterdam foi a cidade que mais progrediu, tornando-se uma área residencial e uma região onde se negociavam tabaco, alimentos, madeira e outros produtos.

Barbosa contou também sobre as línguas que os nativos falavam na região. Eles eram do povo denominado "Lenape", também chamados "Delaware." Falavam duas línguas chamadas "unami" e "munsee." Apesar de serem parentes, se consideram diferentes, pois usam palavras distintas e viviam em lados opostos das montanhas

7 Atual rio Hudson.

8 https://en.wikipedia.org/wiki/Hudson_River

9 Nova Amsterdam foi posteriormente chamada de Nova York.

10 Posteriormente chamada Kingston.

11 Posteriormente chamada Albany, capital do Estado de Nova York.

Kitatinny[12]. Ele deu exemplos de como são faladas algumas palavras em munsee, constantes no quadro abaixo:

Comparação da Ortografia Linguística e Prática de Munsee[13]

Linguística	Prática	Inglês
ampi·lamé·kwa·n	ampiilaméekwaan	*needle*
nə̆wánsi·n	nŭwánsiin	*I forgot it*
máske·kw	máskeekw	*swamp, pond*
wə́sksəw	wúsksuw	*he is young*
kwi·škwtó·nhe·w	kwiishkwtóonheew	*he whispers*

Linguística	Prática	Inglês
wčéht	wchéht	*muscle*
ní·ša·š	níishaash	*seven*
ăpwá·n	ăpwáan	bread
kíhkay	kíhkay	*chief*
xwáškwšəš	xwáshkwshush	*muskrat*

Para mostrar algumas diferenças entre as palavras em "unami" e "munsee", a palavra "comida" em unami é "may-hoe-me-chink"; em munsee é "wool-as-gat". A palavra "colina" em unami é "ah-choo"; em munsee é "watts unk". Barbosa mostrou também como são algumas palavras em unami, conforme quadro a seguir:

12 Situadas onde hoje se localiza a Pennsylvania.

13 https://en.wikipedia.org/wiki/Delaware_languages

Comparação da Ortografia Linguística e Prática de Unami

Linguística	Prática	Inglês
kwə́t·i	kwëti	*one*
ní·š·a	nìshi	*two*
naxá	naxa	*three*
né·wa	newa	*four*
palé·naxk	palènàxk	*five*

Linguística	Prática	Inglês
kwə́t·a·š	kwëtash	*six*
ní·š·a·š	nishash	*seven*
xá·š	xash	*eight*
pé·škunk	pèshkunk	*nine*
télən	tèlën	*ten*

Linguística	Prática	Inglês
wčé·t	wchèt	*muscle*
ɔ́·k	òk	*and*
xkó·k	xkuk	*snake*
skɔ́ntay	skòntay	*door*
kší·k·an	kshikàn	*knife*

Os primos ficaram encantados com o relato do capitão e ansiosos para aprender as línguas dos lenape, para ver se seriam tão difíceis quanto o tupi. Se dominassem essas novas línguas, poderiam se entender com vários povos da América, tanto do Sul como do Norte.

08

Foram 43 dias até o Albatroz alcançar o estuário do North River, em novembro de 1624. O capitão Barbosa recebeu congratulações de todos pela proeza de atingir sua meta sem qualquer incidente. As provisões obtidas em Santa Cruz de Tenerife foram suficientes, e praticamente ninguém ficou enfermo.

A primeira providência dos Vivone foi procurar as meninas com as quais haviam combinado o famoso reencontro. O Blockland estava atracado no porto, pois havia saído um pouco antes de Tenerife. As informações que obtiveram no navio foi que elas estavam instaladas em uma das pequenas unidades construídas para abrigar as trinta primeiras famílias de colonizadores que chegaram em maio de 1624, a bordo do navio New Netherland, sob o comando de Cornelius Jacobsen May[1].

Tudo em Nova Amsterdam estava realmente no início, o que deixou os Vivone extremamente satisfeitos, pois teriam a oportunidade de contribuir prestando serviços à comunidade, quem sabe até convidando suas amigas a se engajarem nesse projeto. Devido ao receio de serem atacados por outros países colonizadores europeus, os diretores da Dutch West India Company resolveram proteger a entrada do rio por meio da construção de um forte chamado "Fort Amsterdam", que serviria de posto comercial e teria alguns quartéis,

1 https://www.britannica.com/place/New-York-City

uma igreja, uma residência para os diretores da empresa holandesa e um pátio de treinamento de soldados[2].

Quando chegaram à vila, acharam rapidamente o local onde as moças estavam hospedadas. A alegria pela chegada dos três Vivone foi fantástica. Abraços e beijos apaixonados iluminaram o dia. Aparentemente, o contato estabelecido com elas foi mais profundo do que se poderia supor. Para resumir o enredo, Bruno se encantou com Betsie, cujo sobrenome era Jansen. Charlie fez logo uma ligação com Bell Peters, e Alex com Gisele van Eyck. As três tinham a mesma idade, tendo nascido em 1605.

Como a região se achava totalmente dominada pelos holandeses, Barbosa achou mais razoável criar uma espécie de loja onde seriam expostos os produtos portugueses que teriam potencial de venda a todos os que desembarcassem em Nova Amsterdam como também aos colonizadores locais. Ao mesmo tempo, em vez de comprar peles diretamente dos nativos, preferiu adquiri-las dos comerciantes que as compravam dos indígenas. Apesar de custarem um pouco mais, o objetivo era evitar confrontos que pudessem prejudicar os seus negócios. A estratégia foi acertada, pois não houve qualquer interferência dos comerciantes holandeses, uma vez que a loja apenas comprava e revendia, evitando contato direto com os indígenas.

Barbosa soube que, em dezembro de 1624, os holandeses chegaram a exportar peles no valor de cerca de 50 mil florins. Em junho de 1625, chegaram mais quatro navios da Dutch West India Company em Nova Amsterdam, chamados "Macreel", "Paert", "Koe" e "Shaep". Vieram com um carregamento de gado, trazendo ainda cinco capatazes para as fazendas, o engenheiro Cryn Fredericxsz, para construir o Fort Amsterdam, e um diretor da empresa holandesa, chamado Willem Verhulst, que veio para substituir o capitão Cornelius Jacobsen May[3].

2 https://pt.wikipedia.org/wiki/Hist%C3%B3ria_da_cidade_de_Nova_Iorque

3 Barreweld, Dirk J., Dr. – *Henry Hudson and the Rise and Fall of New Amsterdam, 2009*, pgs. 93, 94.

Enquanto os negócios da loja portuguesa prosperavam, os três casais começaram a procurar formas de encontrar alguns nativos com os quais pudessem aprender seus idiomas. Ao mesmo tempo, as paixões entre eles aumentavam a ponto de resolverem permanecer em Nova Amsterdam sem prazo para partir, obviamente com casamentos à vista.

Em 1626, chegou o diretor-geral Peter Minuit com a incumbência de administrar a colônia. Neste ano ocorreu um fato por demais curioso, segundo o qual Minuit teria "comprado" a Ilha de Manhattan dos nativos americanos pelo preço de 60 guilders (florins)[4]. Na verdade, os canarsee (que participaram da "negociação") não entenderam o propósito dos holandeses como sendo uma venda. O que achavam era que os holandeses teriam o direito de usar a terra junto com eles próprios.

Ao mesmo tempo, Minuit consolidou e reforçou o Fort Orange, localizado rio acima. A colônia cresceu lentamente e os colonos, apoiados pelas generosas políticas de concessão de terras e incentivos comerciais, foram se deslocando para o norte do rio[5].

A contar do momento em que chegou pela primeira vez a Nova Amsterdam, em 1624, Barbosa realizou três viagens a Portugal, uma das quais, em 1626, teve como destino a Espanha. Bruno pediu-lhe que, se sobrasse algum tempo, fosse a El Escorial para indagar como estavam as mães e a prima Elza. O capitão cumpriu rigorosamente a solicitação de Bruno e, para surpresa e alegria de todos, apareceu com Elza em Nova Amsterdam. Ela estava com 48 anos e, ainda por cima, chegou com seu marido, primo do rei Felipe III de Espanha, um médico espanhol de nome Dom Juan Carlos de Alarcón y Valverde. Foi uma festa, pois era a ocasião perfeita para a consolidação da família num novo continente. A alegria principal para Elza e seu marido foi conhecer as três senhoritas holandesas que não saiam de perto dos Vivone.

4 Equivalentes a US$24,00.

5 https://www.nps.gov/nr/travel/kingston/colonization.htm

A primeira notícia que ela não pôde evitar entristeceu a todos. Com quase 80 anos, as esposas dos falecidos Cauã, Piatã, Ybyajara e Teodoro foram acometidas por uma gripe fortíssima que se transformou em pneumonia. Devido à idade, a resistência física das três foi se reduzindo até o desenlace final, em 1624.

— Que pena que elas não puderam acompanhar vocês para que todos estivéssemos reunidos novamente. Mas pelo que você nos contou, elas viveram intensamente e foram responsáveis pelo seu sucesso como primeira bailarina da Espanha — disse Bruno. — Agora que vocês chegaram, temos uma notícia maravilhosa para lhes dar. Dentro de dois meses, estaremos casados com essas lindas holandesas que nos cativaram em Tenerife e que nos "perseguiram" até aqui.

— Elza, conte-nos como foi o romance com o nosso novo e simpático parente — perguntaram os primos quase ao mesmo tempo.

— Bem, foi algo totalmente inesperado e aconteceu em 1613. Eu já estava com 35 anos e, numa das minhas últimas apresentações de balé no palácio de El Escorial, depois dos aplausos, surgiu um senhor muito sério no meu camarim, me entregou um buquê de flores e solicitou a minha presença na sala do trono do rei Felipe III. Sem mesmo tirar as minhas sapatilhas e, com a mesma roupa da apresentação, fui correndo com o tal senhor para o salão real. Felipe veio ao meu encontro e me abraçou efusivamente, afirmando que jamais havia visto um espetáculo de dança tão maravilhoso como o que eu havia proporcionado. Ao lado dele encontrava-se um homem de postura principesca e do qual eu não conseguia tirar os olhos. Tratava-se do primo de Felipe, o meu atual marido, Juan Carlos, nascido em 1575. O resto não preciso contar, pois foi uma paixão súbita e irresistível. O casamento com toda pompa e circunstância foi realizado na capela do próprio palácio e assistido por praticamente toda a nobreza da Espanha. Nunca esquecerei da cerimônia.

Enquanto isso, Juan Carlos sorria timidamente, mas logo veio dar um beijo na esposa, demonstrando a mais completa paixão por ela. A partir desse momento, sentiu-se verdadeiramente parte da família Vivone. Lamentavelmente, não tiveram filhos, pois ela se considerava fora da idade ideal. Juan Carlos era médico da marinha de Felipe III, com relevantes serviços prestados ao rei. Resolveu acompanhar Elza em sua viagem à América e foi nomeado médico-chefe da esquadra luso-espanhola.

Finalmente, o casamento dos três casais se realizou em janeiro de 1627, na igreja local, com a presença de Elza e de seu marido, do diretor Minuit e de grande parte da comunidade, onde Bruno se destacou como médico. Seu prestígio alcançou os povos indígenas da região, pois as doenças provinham em grande parte do contato com os próprios holandeses que traziam algumas moléstias da Europa, contra as quais os nativos não tinham qualquer defesa. Elza e o marido ficaram morando com a família e continuaram participando de todas as atividades, entrosando-se maravilhosamente com as holandesas.

Em 1630, a nova família já falava com fluência as línguas dos lenape em virtude dos constantes contatos, especialmente para atender os problemas de saúde. Entretanto, toda a família continuou falando tupi, uma língua bastante diferente das duas línguas dos lenape, ou seja, o unami e o munsee. Juan Carlos começou também a entender a língua falada pelos Vivone.

Bruno resolveu ampliar o seu círculo de clientes atendidos gratuitamente, fundando, em 1633, um pequeno hospital com maternidade, construído por Charlie em Nova Amsterdam, enquanto Alex cuidava das vendas de madeira para a Europa, organizando uma empresa de exportação anexa à loja dos portugueses. Charlie iniciou o que mais tarde seria uma escola equivalente à Royal School, onde lecionaria as matérias aprendidas na Inglaterra. Chamou-a de "Dutch School of Moral Integrity" (Escola Holandesa de Integridade Moral). Convidou não só a população de Nova Amsterdam, como abriu espaço para que os lenape e outros povos indígenas pudessem frequentar a escola. O sucesso foi imediato, com uma procura extraordinária. As esposas, todas formadas na Royal School, se engajaram no projeto auxiliadas por Elza, enquanto Juan Carlos participava do atendimento aos pacientes do hospital.

Os filhos dos três casais só nasceram em 1636. Bruno e Betsie tiveram um menino de nome Burt; Alex e Gisele foram presenteados com uma menina chamada Olga, e Charlie e Bell tiveram um menino de nome Stephen. Parece que os relógios foram acertados de antemão, porque todos nasceram no mesmo ano. Os partos foram realizados em conjunto por Bruno e Juan Carlos.

É conveniente, para melhor entendimento das mudanças familiares, graças aos novos casamentos e nascimentos, atualizar a árvore genealógica da família Vivone.

ÁRVORE GENEALÓGICA ATUALIZADA DA **FAMÍLIA VIVONE** NO ANO DE 1634

Piatã (1531–1612) e Sílvia Taylor (1544–1624)

- Elza (1578–) e Juan Carlos (1575–)

Ybyajara (1531–1612) e Trudy Watson (1542–1624)

- Charlie (1580–) e Bell Peters (1605–)

Cauã (1531–1612) e Sherry Paulson (1542–1624)

- Bruno (1578–) e Betsie Jansen (1605–)
  - Burt (1636–)

Teodoro (1531–1612) e Elizabeth Evans (1543–1624)

- Alex (1581–) e Gisele van Eyck (1605–)
  - Olga (1636–)

Lamentavelmente, no início de 1640, o novo diretor-geral Wouter van Twiller iniciou uma série brutal de campanhas contra os nativos americanos, considerados um obstáculo à colonização europeia, algo que causou uma amarga atmosfera de tensão entre os indígenas e os colonizadores[6].

6 https://www.nps.gov/nr/travel/kingston/colonization.htm

Os Vivone ficaram sabendo que, nesse mesmo ano de 1640, ocorreu a chamada Restauração Portuguesa, que expulsou os espanhóis do governo português. Foi liderada por Dom João, duque de Bragança, coroado como Dom João IV, dando início à dinastia de Bragança[7]. Dessa forma terminou o domínio da Espanha sobre Portugal. Em consequência, Juan Carlos perdeu o seu cargo de médico da esquadra luso-espanhola, sendo agraciado com um soldo vitalício e promovido a almirante da Marinha da Espanha.

Os lucros conseguidos por Alex, na loja anexa à dos portugueses, foram extraordinários e serviram para ampliar consideravelmente a escola. Por sua vez, o capitão Barbosa, desde sua chegada a Nova Amsterdam, levava mercadorias holandesas da colônia, madeiras, peles e outros apetrechos indígenas, e trazia especiarias e produtos portugueses de que os colonos necessitavam. Até se aposentar em Lisboa, pela sua idade avançada, sendo substituído por um almirante português, de nome Manuel de Azevedo Marques.

Em 1644, os quatro primos estavam com idades entre 64 e 66 anos, as esposas com 39. Por outro lado, as crianças haviam chegado aos 8 anos e já falavam o tupi e a língua dos lenape. A Dutch School of Moral Integrity estava sempre progredindo, tendo formado cinco turmas em dez anos. Lentamente, os ex-alunos, entre os quais alguns indígenas, assumiram a direção da escola sob orientação das esposas. À semelhança da Royal School da Inglaterra, ela foi integralmente financiada pelos Vivone, que utilizaram parte do seu ouro para cobrir as despesas. Elza também trouxe consigo sua parte em ouro e em moedas inglesas.

Com a chegada de Azevedo Marques em janeiro de 1644, os Vivone souberam que ele programara uma viagem ao Brasil, especificamente à ilha de Itamaracá, terra dos caetés, e necessitava de pessoas que falassem a língua local. O seu objetivo era transportar uma grande quantidade de pau-brasil para Lisboa. Por recomendação de Barbosa, procurou os Vivone e lhes propôs que o acompanhassem em

7 http://jchistorybrasil.webnode.com.br/periodo-colonial-capianias-hereditarias

seu navio. Seria uma aventura que a família já almejava há tempo, pois as suas atividades em Nova Amsterdam já haviam se tornado excessivamente rotineiras. A empreitada seria uma excelente oportunidade para as esposas e as crianças conhecerem os antepassados da família, rememorando as histórias contadas por Piatã, Ybyajara, Cauã e Teodoro. Todos, especialmente as mulheres e as crianças se entusiasmaram com a ideia e passaram a preparar a mudança. A escola continuaria a ser administrada pelos ex-alunos, Alex transferiria o seu negócio para o sul, onde poderia continuar seu comércio internacional. Bruno resolveu abandonar o hospital e a maternidade, que seriam continuados pelos médicos holandeses vindos em anos passados, devidamente instruídos e esclarecidos durante a sua gestão, com a cooperação de Juan Carlos. Este, como não conhecia o Brasil, ficou encantado com a perspectiva.

A caravela partiu em março de 1644 e chegou vinte dias depois, sem qualquer incidente. Quando desceram em Itamaracá, tomaram conhecimento da terrível batalha que ocorrera na região de Pernambuco, Paraíba e Rio Grande do Norte, colocando frente a frente os navios portugueses e espanhóis contra os invasores holandeses. Conforme os relatos que receberam, a Companhia Holandesa das Índias Ocidentais, com uma frota composta de 26 navios e 500 canhões, invadiu a Bahia em 1624. Entretanto, um ano após sua chegada, foram expulsos sem grandes dificuldades. Voltaram à carga novamente em 1630, mas desta vez atacaram Pernambuco, considerada a mais rica produtora de açúcar do mundo e já conhecida pelos holandeses que lá viviam e negociavam.

Conseguiram conquistar Olinda e Recife, mas na zona rural enfrentaram forte resistência liderada por Matias de Albuquerque. Os holandeses realizaram então vantajosos acordos prometendo investir na formação de novas lavouras e na construção de engenhos, o que muito agradou aos pernambucanos, que começaram a apoiar a sua entrada no Brasil. Com o passar do tempo, ocuparam as regiões açucareiras, especialmente as capitanias de Itamaracá, Paraíba e Rio Grande do Norte.

Mais tarde, o conde João Maurício de Nassau-Siegen (1604–1679) foi nomeado para o cargo de governador das dominações holandesas no Brasil, chegando a Recife em 1637. Nassau foi eficiente e diplomático com os senhores de engenho, oferecendo-lhes recursos financeiros para a compra de maquinário e de escravizados para a fabricação de açúcar. Graças à sua administração, Recife e Olinda passaram por um processo de urbanização e melhoramentos significativos[8].

Nassau, porém, como militar, não esqueceu a derrota sofrida pelos holandeses em 1625, na Bahia, e tentou tomar Salvador com uma esquadra de 30 navios, 3.600 soldados e mil indígenas tapuias, mas foi novamente derrotado. Não conformado, Nassau, junto com o almirante Willem Corneliszoon Loos, começou a reorganizar a sua frota.

Em janeiro de 1639, uma grande armada portuguesa e espanhola comandada por Dom Fernando de Mascarenhas, conde da Torre (nomeado governador-geral), surgiu em Recife com o objetivo de demonstrar a sua força perante os holandeses. No entanto, Nassau descobriu que, durante a viagem de Cabo Verde até Recife, morreram quase 2 mil homens, acometidos de doenças a bordo. Mesmo assim, Mascarenhas reabasteceu e reestruturou a sua esquadra com 77 naves, 4 mil marinheiros e 10 mil soldados e, em novembro de 1639, seguiu para o norte, onde foi recebido por devastadora tempestade. Em janeiro de 1640, o almirante holandês partiu do Recife com uma frota de 41 navios e 2.800 soldados, iniciando-se nessa data a maior batalha naval já ocorrida na costa brasileira.

No primeiro embate, o almirante holandês foi ferido de morte por um tiro de canhão, sendo substituído pelo vice-almirante Jacob Huygenszoon. Apesar da inferioridade numérica, as táticas dos holandeses tiveram sucesso contra as grandes naus lusas e espanholas.

A batalha durou de 10 a 17 de janeiro de 1640 e teve como desenlace o total aniquilamento da esquadra luso-espanhola sob o

8 https://tokdehistoria.com.br/2013/11/02/1640-a-maior-batalha-naval-ocorrida-nos-mares-brasileiros/

comando do conde da Torre. Depois de derrotados, ainda surgiram alguns focos de resistência contra os holandeses, especialmente por parte de Luis Barbalho, um pernambucano nascido em Olinda, que desfechou uma série de operações de guerrilha contra os estrangeiros, causando-lhes significativas baixas.

Depois da derrota, os barcos portugueses, dispersos, dirigiram-se em parte às Antilhas e em parte aos Açores, enquanto o conde da Torre seguiu para Cádiz, na Espanha. Os holandeses foram recebidos com festa em Recife, sendo a vitória contra o conde da Torre considerada um feito extraordinário do conde de Nassau, que conseguiu, em inferioridade numérica, celebrar a sua vitória com perdas muito inferiores às dos seus inimigos. Em sua homenagem, na Holanda, foi mandado cunhar uma medalha com a sua efígie, comemorativa da vitória alcançada, constando no reverso uma representação da batalha, com a seguinte inscrição: "Deus abateu o orgulho do inimigo em 12, 13, 14 e 17 de janeiro de 1640".[9]

Nassau, com sua capacidade e inteligência, conquistou a simpatia e o respeito dos brasileiros e realizou excelente governo, cujos destaques principais foram:

- Concedeu empréstimos para construir novos engenhos, melhorar os já existentes e aumentou extraordinariamente a produção de açúcar.
- Drenou pântanos, construiu diques e urbanizou a cidade do Recife, embelezando-a, com pontes e palácios transformando-a na capital da Nova Holanda, com o nome de Mauritsstad (cidade Maurícia).
- Construiu o primeiro observatório astronômico da América Latina.
- Criou as Câmaras dos Escabinos[10], compostas igualmente por brasileiros e holandeses.

9 https://tokdehistoria.com.br/2013/11/02/1640-a-maior-batalha-naval-ocorrida-nos-mares-brasileiros/

10 Espécie de Câmara Municipal, dirigida por um membro da W. I. C. (Companhia das Índias Orientais), o esculteto.

- Adoção do calvinismo como religião oficial, instituindo, porém, a tolerância religiosa para os diversos cultos, atraindo para a região grande quantidade de judeus, donos de significativos recursos financeiros, o que ajudou ainda mais o desenvolvimento da região.
- Incentivou as artes e as ciências, com a vinda de médicos e cientistas, como Willem Piso e Georg Marcgrave, além de pintores, como Franz Post, Albert Eckhout e Wagener, que retrataram a natureza brasileira e os costumes da época.
- Expandiu os domínios holandeses até o Maranhão.

Com o objetivo de se ressarcir dos prejuízos provocados pela Guerra dos Trinta Anos (1618–1648)[11], a Companhia das Índias Ocidentais resolveu intensificar a exploração de sua colônia, aumentando os impostos e os fretes, exigindo o pagamento imediato dos empréstimos concedidos aos senhores de engenho e ameaçando os devedores com o confisco de suas terras, ação com a qual Nassau não concordou[12].

Apesar do impressionante número de qualidades e realizações, Nassau não se opôs ao comércio de pessoas escravizadas vindas da África.

11 Guerra dos Trinta Anos: conflito entre católicos e protestantes que marcou a Europa de 1618 a 1648.

12 https://sitesgoogle.com/site/profmarciodemedeiros/news/112-periodocolonial capitaniashereditarias-governogeral-invasões

09

Em Itamaracá, os Vivone procuraram um local onde pudessem se instalar para iniciar o contato com o Brasil colonial. Era abril de 1644, e a região continuava sob o comando de Maurício de Nassau. Com o auxílio das três esposas nascidas na Holanda, tiveram uma rápida aceitação, tanto entre os holandeses, como entre os brasileiros. Por outro lado, como a família falava normalmente o tupi, o contato com os caetés foi ainda mais fácil.

Até 1645, a família havia se entrosado completamente com os indígenas, tanto que as três crianças, já com 13 anos, foram convidadas pelo cacique Cururupeba para permanecerem algum tempo entre os caetés. O convite foi uma deferência de Cururupeba a Bruno, por tê-lo atendido quando sofreu um acidente durante uma caçada. Com a perna quebrada com fratura exposta, havia sido socorrido por um curandeiro caeté, com folhas de bananeira e um sopro de fumaça chamado de milagre indígena, obviamente sem qualquer resultado. Com fortes dores, ficou completamente aliviado quando Bruno lhe aplicou uma tala imobilizando a perna. As esposas permaneceram um bom tempo entre os nativos, tentando ensinar-lhes um pouco de holandês, mas o resultado foi aquém do desejado por ser uma língua extremamente difícil. Mas conseguiram assimilar bastante da língua tupi.

Nesse ano, Pernambuco estava envolto com problemas ligados à volta de Nassau à Holanda. Ele recebera uma carta de dispensa em

1643, com a promessa de receber importantes funções na Europa. Nassau partiu numa esquadra de 13 naus transportando uma carga avaliada em 2,6 milhões de florins. Nas duas naus onde se encontrava sua bagagem estavam suas coleções com barris de conchas e seixos, botijas com farinha de mandioca, dentes de elefante, toras de jacarandá, pranchas de pau-santo, de pau-violeta, trinta cavalos pernambucanos, cem barriletes de frutas confeitadas, inclusive abacaxi. Comemorou o seu quadragésimo aniversário a bordo e, em julho de 1644, desembarcou no porto de Texel, Holanda[1].

Durante a sua administração, Nassau financiou a produção açucareira por meio de empréstimos aos senhores de engenho, enquanto o governo holandês gastava boa parte dos seus lucros com as guerras em prol da sua independência do poderio espanhol. Esgotada a maior parte dos recursos para bancar a fabricação de açúcar, a Companhia Holandesa das Índias Ocidentais foi pressionada pelo governo holandês a cobrar as dívidas dos proprietários dos engenhos nordestinos e a exigir o pagamento de impostos. Com a mudança dessa política, vários proprietários de terra começaram a se opor à permanência dos holandeses, iniciando uma série de conflitos que constituíram o que se chamou de Insurreição Pernambucana. Outro fator que aumentou essa disputa entre os dois países foi a religião. Os holandeses, em sua maioria, presentes nas regiões de Recife e Olinda eram judeus ou protestantes, e o catolicismo era professado pelos portugueses, trazendo mais um motivo para a sua expulsão[2].

Os Vivone assistiram a todos esses acontecimentos, sentindo-se de certa forma incomodados pelo fato de serem estrangeiros. Elza, Charlie, Bruno e Alex eram ingleses. As esposas Bell, Betsie e Gisele, holandesas. Olga, Burt e Stephen haviam nascido em Nova Amsterdam, portanto tinham dupla nacionalidade, pois Nova

1 https://www.britannica.com/biography/John-Maurice-of-Nassau

2 http://mundoeducacao.bol.uol.com.br/historiadobrasil/insurreicao-pernambucana.htm

Amsterdam ficava na América do Norte — assim, eram holandeses e americanos. Juan Carlos era espanhol.

Essa preocupação, no entanto, durou pouco. Em 1645, chegou um emissário de um tal de João Fernandes Vieira (1613–1681), pedindo para o Dr. Bruno entrar em contato com ele, com urgência, em seu engenho de açúcar situado em Olinda. Ao investigar de quem se tratava, Bruno soube que Vieira era possuidor de vários engenhos e que havia nascido em Funchal, na Ilha da Madeira, na década de 1610, e que o seu nome original era Francisco Ornelas. Havia chegado ao Brasil nos anos 1620 com cerca de 10 anos, mudando seu nome para João Fernandes Vieira.

Homem humilde, trabalhou como assalariado, sua integridade foi se firmando e ele logo se tornou feitor-mor. Apresentou-se como voluntário para o serviço da guerra nos primeiros dias da invasão holandesa, quando defendeu os portugueses no Forte de São João, até a rendição no dia 1º de março de 1630. Era ativo, ambicioso e inteligente, ficando rico graças aos seus esforços e a doações que recebeu dos patrões, Affonso Rodrigues Serrão e sua mulher, assim como pela amizade com o conselheiro político e senhor de engenho holandês Jacob Stachhouwer, para quem inicialmente trabalhou como criado, depois feitor, e mais tarde procurador. Em 1643, casou-se com Maria César, filha do madeirense Francisco Berenguer de Andrada e de Joana de Albuquerque, descendente de Jerônimo de Albuquerque. Com o casamento, João Fernandes Vieira juntou ao seu prestígio econômico a nobreza rural pernambucana.

Vieira foi membro da Câmara Municipal de Olinda e um dos mais importantes senhores de engenho de Pernambuco, chegando a possuir dezesseis engenhos e mil escravizados em Pernambuco e na Paraíba. Ele gozava da confiança do governo holandês, foi seu colaborador e conselheiro em assuntos brasileiros. Vieira também tinha o apoio da comunidade luso-brasileira devido ao seu prestígio econômico e social, das suas doações para igrejas, confrarias e pessoas necessitadas, além do seu ingresso, pelo casamento, na nobreza da terra. À época, Vieira acumulara uma dívida com a Companhia das Índias Ocidentais de 219.854 florins.

Quando a insatisfação dos senhores de engenho de Pernambuco se intensificou, em virtude da cobrança pela Companhia das Índias Ocidentais das dívidas dos produtores de açúcar após a partida do conde Maurício de Nassau para a Holanda, o inteligente e astuto Vieira sentiu que haveria vantagens com a expulsão dos holandeses e da Companhia das Índias Ocidentais. Assim, afastou-se deles e se tornou um dos líderes da Insurreição Pernambucana, um dos heróis da Restauração e comandante do famoso Exército Patriota.

Teve como companheiros nessa empreitada André Vidal de Negreiros, Henrique Dias e Felipe Camarão com os quais venceu, com sua tropa, a *Batalha das Tabocas* e a *Batalha da Casa Forte*, realizadas em Vitória de Santo Antão, em agosto de 1645[3].

Bruno e seus primos resolveram verificar o que desejava o senhor Vieira e foram encontrá-lo em Olinda. Levaram consigo Dom Juan Carlos.

— Agradeço de coração por terem tido a gentileza de visitar-me num momento extremamente importante para Pernambuco. Soube que os senhores estão em Itamaracá, onde tiveram encontros com os caetés e com vários colonos holandeses que lá se encontram — iniciou Vieira. — Não sei se tiveram conhecimento dos preparativos que estamos fazendo com a finalidade de dar um fim à ocupação pela Companhia das Índias Ocidentais. Atualmente, estamos sendo cobrados por eles para liquidar as nossas dívidas com a companhia. Ao mesmo tempo, estão nos pressionando pelo pagamento de impostos, algo que não faziam antes de sentirem grandes dificuldades financeiras devido às despesas com sua independência da Espanha. Por essa razão, estamos formando um exército para expulsá-los definitivamente.

3 GASPAR, Lúcia. *João Fernandes Vieira*. **Pesquisa Escolar Online**, Fundação Joaquim Nabuco, Recife. Disponível em: <http://basilio.fundaj.gov.br/pesquisaescolar/>. Acesso em: 14 de setembro de 2016.

"O motivo pelo qual os convidei, prende-se ao fato de os senhores constituírem uma elite intelectual que seria extremamente útil para a nossa campanha. O Dr. Bruno é conhecido como excelente médico, o Dr. Charlie destaca-se como engenheiro, físico e químico e o Dr. Alex como hábil comerciante. Sei também que o almirante Juan Carlos é militar e médico da marinha espanhola. Assim, tomo a liberdade de convidá-los a se engajarem na nossa luta como especialistas que poderão muito contribuir para o resultado que almejamos."

— Caro Sr. Vieira, entendo perfeitamente os motivos para o início dessa gloriosa campanha dos brasileiros de Pernambuco para expulsar os invasores de suas terras — argumentou Bruno. — Tenho consciência de que tanto os militares como os civis que participarão das batalhas necessitarão de assistência aos feridos. Como médico, tenho a obrigação de atender quem quer que seja, amigo ou inimigo, pois faz parte do meu juramento como profissional de medicina. Assim farei enquanto me encontrar em Pernambuco. No entanto, gostaria de salientar que meus primos e eu somos ingleses e nossas esposas são holandesas; portanto poderíamos ser considerados como inimigos. Os nossos filhos têm dupla nacionalidade, isto é, são americanos e holandeses, pois nasceram em Nova Amsterdam. Assim, apesar de estar disposto a atender os feridos, nós estamos nos preparando para deixar o país em cerca de cinco meses. Enquanto isso, estarei à disposição para atender os seus desejos dentro das minhas possibilidades. Quero que o senhor considere os motivos por não me afiliar de corpo e alma à sua empreitada, mas respeito sinceramente o seu heroísmo e a sua causa.

— Dr. Bruno, meu caro, entendo as suas razões e tenho certeza de que eu agiria da mesma forma se estivesse em seu lugar. O senhor demonstrou um caráter ilibado que não se vê tão frequentemente. Mas agradeço e aceito em nome dos meus companheiros de luta a sua generosa oferta — explicou Vieira.

— Bruno, estamos com você e concordamos plenamente com o seu ponto de vista. Faremos tudo nesses meses restantes para apoiá-lo com o que estiver ao nosso alcance, desde que não tenhamos de aderir à luta propriamente dita — falou Alex, apoiado totalmente por Juan Carlos.

Alex continuou exportando produtos brasileiros para a Europa, Charlie dedicou-se a ensinar aos indígenas e aos jovens da população local noções elementares de engenharia, física e química. Elza, por sua vez, já com 67 anos, resolveu organizar festas em Itamaracá, onde ensinava passos de danças espanholas e inglesas aos colonos e aos nativos. As esposas se engajaram nos trabalhos hospitalares enquanto os filhos praticamente viviam entre os caetés.

Em 19 de fevereiro de 1649, as forças lideradas pelos senhores de engenho André Vidal de Negreiros e João Fernandes Vieira, pelo africano Henrique Dias e pelo indígena Felipe Camarão, acabaram com a ocupação holandesa no Brasil. Com isso, o trabalho dos dois médicos chegou ao fim, o que possibilitou aos Vivone traçarem novos planos para o futuro.

Enquanto os ingleses da família, ou seja, Elza, Charlie, Bruno e Alex queriam voltar para a Inglaterra, as holandesas Betsie, Gisele e Bell almejavam ardentemente retornar à sua terra natal, a Holanda. Como Juan Carlos teria preferência por voltar à Espanha, Elza se prontificou a acompanhá-lo. Stephen, Olga e Burt, com quase 14 anos, também tinham um plano. Eles ouviram falar da Royal School e estavam ansiosos para frequentá-la e aprender muito mais do que os seus pais lhes haviam transmitido.

Dinheiro era o menor dos problemas dos Vivone. Depois de inúmeras considerações, os familiares decidiram, como primeiro destino, a Holanda. A volta à Inglaterra seria prorrogada por dois ou três anos, o que daria a oportunidade a todos para aprenderem o difícil idioma neerlandês. Em seguida, os filhos seriam matriculados na Royal School. Assim, cumpririam mais uma vez a tradição dos Vivone, de aprenderem os princípios morais elaborados pelo antepassado Francesco em seu livro *Moralidade e Ética*, escrito em 1231.

A despedida dos Vivone causou um verdadeiro alvoroço em Itamaracá, pois as suas atividades foram tão diversificadas que alcançaram praticamente todos os habitantes da região. Ao embarque compareceram as autoridades da ilha, inclusive o principal herói da Insurreição Pernambucana, João Fernandes Vieira. Em virtude do trabalho dos dois médicos, a família só embarcou para a Europa em junho de 1650. Quanto ao amigo João Fernandes Vieira, apesar da sua coragem, patriotismo e decência no trato com os Vivone, ele chegou a ter mil pessoas escravizadas, o que constitui uma lástima, apesar de ser algo considerado normal na época.

10

Ao chegarem a Amsterdam, em dezembro de 1650, os Vivone souberam que os holandeses haviam obtido uma vitória extraordinária sobre a armada espanhola, graças à competência do governador Frederick Henry (1584–1647). Frederick era filho de Maurice de Orange, que falecera em 1625, tornando-se governador das províncias de Holland, Zeeland, Utrecht, Overijssel e Guelders e ocupando os postos de capitão e almirante-general da União e comandante em chefe do Exército dos Estados Holandeses. Casou-se com Amalia of Solms-Braunfels, em 1625. Durante o governo de Frederick Henry, a Holanda atravessou a sua "Fase de Ouro", marcada por grandes triunfos militares e navais, expansão internacional marítima e comercial e uma verdadeira explosão em matéria de ciência, ensino, artes e literatura[1].

Frederick faleceu em março de 1647, três anos antes da chegada dos Vivone, deixando a esposa, o filho William II, príncipe de Orange, mais quatro filhas e seu filho ilegítimo Frederick Nassau de Zuylestein. A Holanda esteve envolvida na chamada "Guerra dos Oitenta Anos" pela independência da Holanda contra a Espanha[2] e, graças à competência de Frederick Henry, a vitória acabou sendo dos

1 https://www.britannica.com/biography/Frederick-Henry

2 http://www.holland.com/br/turismo/artigo/historia-da-era-de-ouro-da-holanda.htm

holandeses. Lamentavelmente ele não conseguiu assinar o Tratado de Münster que consolidava a trégua entre as duas nações devido à sua morte antes da data da assinatura, em janeiro de 1648[3].

O seu filho William II (1626–1650) havia falecido recentemente de varíola, poucos dias antes da chegada dos Vivone. Ele reinou por apenas três anos, de 1647 a 1650. Era casado com a princesa Mary Henrietta Stuart, filha de Carlos I da Inglaterra e de Henrietta Maria de França. Uma semana após a morte de William II, nasceu seu filho William (1650–1702) que se tornaria William III.

As famílias das três esposas moravam no mesmo bairro de Amsterdam, no momento em que elas viajaram para a América. Entretanto, ao chegarem às residências tiveram um choque. Os pais não estavam presentes nos imóveis.

Como nasceram em 1605, é plausível supor que as suas mães tivessem entre 25 e 30 anos nas datas de nascimento. Assim, em 1650, elas deveriam ter entre 75 e 83 anos ((1650-1605)+30=75). Esse cálculo feito por Charlie foi confirmado pelas esposas. O problema, portanto, consistia em localizar o paradeiro dos pais.

Os vizinhos da casa de Bell Peters informaram que os pais haviam viajado para a Noruega, mais ou menos em 1635, pois tinham parentes naquele país. Não havia viva alma na casa em mau estado. A vizinha se lembrava de que eles mencionaram uma cidade chamada Bergen. Bell lembrou-se de que o seu pai tinha um irmão que morava realmente nessa cidade. Lembrava-se também que Bergen havia sido fundada em 1070, por Olav Kyrre, tendo sido a capital da Noruega até 1299, quando passou a ser Oslo[4].

Ao chegarem à casa de Betsie, encontraram um casal de velhos morando na residência.

— Quem são vocês e o que estão fazendo na casa dos meus pais? — perguntou Betsie.

3 https://faculty.history.wisc.edu/sommerville/351/CMHFredHen.html

4 http://www.guiaviagem.org/bergen/

— Somos amigos dos seus pais, de Copenhagen. Eles eram nossos colegas de infância e nos convidaram para ficar aqui enquanto estivessem na Noruega, mas nunca mais nos escreveram e não soubemos mais deles. Estamos aqui desde 1635. Vocês tiveram notícias deles? — perguntou a velha senhora.

— Nós viemos da América, estamos todos procurando os nossos pais e queremos voltar a morar em nossas casas. Estamos aqui com nossos parentes e nossos filhos e precisamos nos acomodar o mais rápido possível — informou Betsie.

— Mas não podemos mudar tão repentinamente, somos velhos e não temos ninguém para cuidar de nós, nem saberíamos para onde ir — balbuciou a senhora.

— Bem, temos que resolver esse problema logo. Iremos agora visitar a casa da Gisele para ver se os seus pais se encontram em Amsterdam e voltaremos para conversar com vocês — disse Betsie.

Dirigiram-se todos à casa dos pais de Gisele e, no endereço, havia apenas uma praça onde brincavam várias crianças. Ao lado de um gramado encontrava-se um canteiro enorme com tulipas em flor. Gisele se lembrava de que o terreno onde morava situava-se ao lado de uma igreja que ainda se encontrava no local, portanto, algo havia acontecido desde a sua partida em 1624, ou seja, há 26 anos. Todos acompanharam Gisele à igreja.

— O que posso fazer pela senhora e pelos seus acompanhantes? — perguntou o padre.

— Eu sou a filha de Olaf e Anita van Eick, que moravam exatamente ao lado da sua igreja. Estou estranhando que a nossa casa não exista mais. Poderia me informar o que ocorreu aqui?

— Minha senhora, venha sentar-se comigo e contarei o que ocorreu. Foi algo muito triste. Os seus pais eram meus amigos muito chegados, que frequentavam minha paróquia quase todos os dias. Bem, não sei se a senhora sabe que todos os anos a nossa igreja comemora o dia de São Ludgero, bispo considerado o apóstolo da Frísia, atual

Holanda. São Ludgero nasceu no ano 742 e faleceu no ano de 776, e foi um dos grandes evangelizadores do seu tempo — iniciou o Padre.

"Em 1630, o Prefeito de Amsterdam programou uma festa maravilhosa que seria iniciada dentro da nossa igreja, com uma procissão de milhares de fiéis da cidade. Seria homenageado São Ludgero, e a cidade se preparou para o evento, lotando as dependências da igreja."

— Muito bem, reverendo padre, estamos ansiosos para saber o que ocorreu com a nossa família — interpelou Gisele, impaciente com a prolixidade.

— Pois é com imensa tristeza que informo que a sua casa foi criminosamente incendiada, antes que os seus pais pudessem chegar à igreja para a festa. Alguns rapazes da vila, completamente embriagados, começaram a injuriar a Igreja Católica e passaram a jogar tochas na sua casa, pois consideravam que os seus pais eram hereges por serem católicos praticantes. Algumas tochas penetraram na igreja, mas os fiéis conseguiram apagá-las. Lamentavelmente não foi possível salvar sua casa, que foi totalmente destruída pelo fogo, sem que seus pais tivessem a chance de sair a tempo — respondeu o padre.

— Mas que calamidade! — Gisele sentou-se num canto da igreja meditando sobre a maldade perpetrada pelos rapazes. — Posso supor que nada tenha sido feito contra esses bárbaros?

— Apesar de não trazer os seus pais de volta, posso informar que eles foram presos e posteriormente enforcados em praça pública. Deus iluminou as autoridades que encontraram os bandidos e ordenaram seu castigo — confortou o padre.

— Pena que Deus não conseguiu evitar essa chacina, como teria sido desejável — irritou-se Gisele, olhando fixamente para o religioso.

— Minha filha — respondeu o reverendo —, Deus muitas vezes age de uma forma misericordiosa que nós mortais não temos capacidade de entender, mas tenho certeza de que os seus pais estão com Ele e estão sendo abençoados também por seu filho, Jesus Cristo.

Gisele, inconformada com a notícia do falecimento e com o tipo de explicação, agradeceu respeitosamente e propôs que a família voltasse à casa de Bell para examiná-la mais detidamente, e verificar se poderia abrigá-los. Quem sabe uma boa limpeza pudesse colocá-la mais ou menos em ordem.

Felizmente, os pais haviam deixado a chave com os vizinhos, o que permitiu a entrada. A casa era enorme e abrigaria toda a família. Todos iniciaram a limpeza dos cômodos e em pouco tempo conseguiram torná-la razoavelmente habitável. Por sorte, havia bastante querosene para os lampiões, assim como água corrente.

Depois de instalados, houve uma importante reunião entre os pais e os filhos. Enquanto as esposas holandesas e seus maridos queriam permanecer na Holanda, Olga, Burt e Stephen não viam a hora de viajar para a Inglaterra e frequentar a Royal School. Por sua vez, Juan Carlos e Elza estavam ansiosos para retornar à Espanha.

— Vocês vão abandonar seus pais aqui na Holanda? — perguntou Betsie, mãe de Burt.

— Nós entendemos perfeitamente que vocês queiram permanecer aqui e que não estejam mais em condições de enfrentar viagens longas em virtude das suas idades, mas nós temos um plano e somos suficientemente jovens para tentar algo diferente — argumentou Burt.

— Então, pelo que eu entendi, só haverá uma forma de mantermos a nossa harmonia. Nós ficaremos por aqui, Elza e Juan Carlos irão para a Espanha e vocês embarcarão para Southampton — concluiu Bell. — Nós ainda estamos com uma boa quantidade de ouro que dará tranquilamente para os queridos viajantes. Para quando pretendem realizar os seus planos?

— Imediatamente, ou seja, no primeiro navio com destino à Inglaterra — replicou Stephen. — Eu penso até que esse navio poderia levar os nossos tios Elza e Juan Carlos se, conforme a rota, passar pela Espanha.

Charlie, Bruno e Alex se entreolharam, demonstrando total concordância com o propósito dos cinco e ficaram felizes por não terem que participar de um programa dessa natureza. Preferiam acabar os seus dias em Amsterdam, onde poderiam talvez exercer alguma atividade sem grandes esforços.

A despedida de todos foi alegre, pois todos conseguiram o que planejaram. Elza e Juan Carlos embarcaram em 1651, no mesmo navio que os rapazes, pois ele passaria pela Espanha antes de chegar a Southampton.

Na Espanha, reinava Felipe IV da Espanha (Felipe III de Portugal). Felipe IV (1605–1665) era filho de Felipe III da Espanha, falecido em 1621, e de Margarida da Áustria. Ele assumiu o reino nesse mesmo ano, tornando-se também rei de Portugal e dos Algarves, daquém e d'além-mar da África, sendo este último título somente entre 1621 e 1640, pois nessa data ocorreu o movimento restaurador da independência de Portugal, em resultado da Revolução do Alentejo. Iniciou-se nesse ano a decadência do império espanhol.

A política externa de Felipe IV foi entregue durante 22 anos ao incompetente conde-duque de Olivares, Gaspar de Guzmán. Como diversos países europeus andavam em luta aberta contra a Espanha, na chamada Guerra dos Trinta Anos, isso acabou beneficiando significativamente a recuperação da independência portuguesa. A revolta da Catalunha, que também lutava pela independência, favoreceu indiretamente a posição portuguesa, pois aliviou a pressão exercida contra os portugueses. Com a rebelião separatista em Portugal (1637–1640), o país passou a ter rei próprio, D. João IV, o chamado restaurador, neto da candidata ao trono D. Catarina de Bragança.

Apesar de o rei espanhol destituir Olivares em 1643, a Espanha já havia perdido o controle sobre Portugal e os Países Baixos, e lutava contra as rebeliões na Catalunha, Andaluzia e Aragão. Durante a Guerra dos Trinta Anos, Felipe obteve notáveis vitórias, mas o poderio externo hispânico acabou entrando em decadência. A Espanha continuou a perder diversas cidades, portos e praças de guerra, em diversos pontos do globo, alguns lugares foram perdidos para sempre, embora outros tenham sido recuperados pela força das armas. Felipe IV casou-se em 1615 com D. Isabel de Bourbon (1602–1644), filha do rei da França e, depois de viúvo, casou-se em segundas núpcias, em 1649, com D. Maria Ana da Áustria[5].

Sabedores desses episódios, Juan Carlos e Elza viram que o esplendor espanhol, do tempo em que ela era a primeira bailarina do El Escorial, se esgotara. Mesmo assim, Juan Carlos procurou se aproximar de Felipe IV, tendo em vista que era primo do seu pai Felipe III. Para a sua surpresa, foi recebido pelo rei com grande pompa, pois ele se lembrava do tempo em que Juan frequentava o palácio e se lembrava também da sua paixão pela bailarina tão querida de todos. Felipe colocou à disposição do casal uma casa situada próxima a El Escorial e prometeu vê-los frequentemente.

Os três primos, Stephen, Burt e Olga, não esqueceram os idiomas tupi e o munsee, o primeiro aprendido com os pais e praticado em Itamaracá com os caetés, e o segundo aprendido em Nova Amsterdam com os lenape. Esse conhecimento seria certamente um fator positivo, pois constituiria um certo mistério a ser desvendado pelos colegas.

Em 1653, matricularam-se na Royal School, ainda situada na Baltimore Estate, agora de propriedade do castelo de Windsor. Ali teriam a oportunidade de consolidar a sua educação em matéria de princípios morais e aumentariam o seu estoque de línguas e de outras matérias lecionadas no local. O seu nome logo chamou a atenção dos diretores da escola, pois queriam saber se os primos Vivone teriam algo a ver com a família, antiga proprietária da Royal School, antes de sua aquisição pelo rei James I. Antes do começo das aulas, os três foram chamados para se apresentarem à diretora da Royal School.

— Gostaria de saber como vocês vieram a conhecer a nossa escola, cujo patriarca foi Francesco Vivone. Como o nome de vocês também é Vivone, ficamos curiosos em saber algo a respeito — indagou a diretora Ashley Trimm.

5 http://www.dec.ufcg.edu.br/biografias/RFFili04.html

— Bem, é muito fácil explicar, senhora diretora. Somos descendentes de Francesco Vivone, que nasceu em 1200 — contou Burt. — A fundação da Royal School definitiva foi precedida por grandes sacrifícios. Imagine a senhora que, um dos nossos antepassados, Sinibaldo Vivone, na Itália, em 1274, aprofundou-se no estudo do livro *Moralidade e Ética*, escrito por Francesco, e começou a dar os primeiros passos para a formação de uma associação por ele preconizada. Chamou-a inicialmente de **L'ISTITUZIONE DEGLI VIRTUOSI**, em italiano, que significa **INSTITUIÇÃO DOS VIRTUOSOS**. Ao mesmo tempo, prometeu aos irmãos que oportunamente redigiria o *Código de Conduta da Moralidade*, que deveria ser adotado por todos aqueles que viessem a fazer parte da instituição e que aprenderiam os princípios de integridade moral ensinadas por Francesco e contidos em seu famoso livro. A formação da **L'Istituzione degli Virtuosi** foi extremamente trabalhosa devido à necessidade de mantê-la em segredo. Por seus emissários, o papa Honório IV[6] tomou conhecimento de que uma sociedade com esse nome estava em processo de constituição. Sinibaldo e seus dois irmãos, Rolando e Godofredo, sabiam que ela poderia gerar conflitos com a religião católica. Honório ordenou uma rigorosa investigação a respeito da **L'Istituzione**, porém os seus emissários foram incapazes de obter qualquer informação mais consistente. Durante dezessete anos a sociedade foi mantida na obscuridade.

“Finalmente, em 1290, após a morte de Honório IV, a instituição foi oficialmente fundada. Os filhos dos três irmãos já tinham cerca de 17 anos e foram instruídos pelos pais a manterem total segredo sobre a instituição. Todos cumpriram rigorosamente esse pedido.

“O papa Nicolau IV[7], eleito em 1288, permaneceu na Santa Sé até 1292. Após sua morte houve o que a igreja chamava de interregno ou vacância, significando um intervalo entre dois papas. A ausência de uma autoridade no Vaticano foi inteligentemente aproveitada

6 Papa Honório IV (1210–1287)

7 Papa Nicolau IV (1227–1292)

por Sinibaldo e seus irmãos para iniciar a constituição da nova sociedade.

"Para dificultar possíveis investigações dos cardeais e dos arcebispos, Sinibaldo estabeleceu a sede na propriedade de Rolando, situada em Fiumicino, a 25km de Roma, próxima ao litoral. O nome pintado numa placa na entrada dizia:

ISTITUZIONE DELA CHIESA DI CARITÀ DELLE BEATITUDINI (ICCB)

"Esse nome, significando '**INSTITUIÇÃO DA IGREJA DE CARIDADE DOS BEM-AVENTURADOS**', disfarçava suficientemente a **L'Istituzione degli Virtuosi**. Todas as obras da instituição foram financiadas totalmente pela família Vivone."

Em 1300, para comemorar a passagem do século XIII para o século XIV, Sinibaldo resolveu detalhar um pouco mais os princípios gerais do Código de Conduta da Moralidade. Dividiu-o em quatro partes: Objetivos da Instituição que adotar os Princípios do Moralismo, Qualificação, Deveres e Direitos dos Participantes. Simplificando a enormidade de regras que deveriam ser respeitadas, Sinibaldo as resumiu assim:

1. **Objetivos Principais da Instituição**: A) Por meio de investigações sobre a personalidade de autoridades civis, militares e eclesiásticas, descobrir quais poderão ser enquadradas na categoria de "virtuosos". B) Divulgar os conceitos do Moralismo pela sociedade em geral, visando alcançar a harmonia, a honestidade e a excelência em matéria de princípios morais entre os habitantes de todos os países da Europa.
2. **Seleção de Candidatos:** Os candidatos ao curso deverão ser avaliados por uma junta de administradores. Serão selecionados apenas os considerados pré-virtuosos, mediante entrevistas sobre temas como honestidade, princípios morais,

bondade, respeito à verdade e outras qualidades do gênero. Poderão ser admitidos candidatos de qualquer religião ou mesmo os não religiosos.

3. **Deveres dos Alunos**: Os deveres envolverão a total confidencialidade quanto aos objetivos da instituição e será exigido apenas o comparecimento às reuniões em datas a serem anunciadas. Não será exigido qualquer tipo de pagamento, seja na forma de dízimo ou de contribuição voluntária.
4. **Direitos dos Alunos**: Quanto aos direitos, à medida que os participantes se destacarem em sua conduta, poderão ser nomeados para cargos específicos. Terão também o direito de opinar sobre o desempenho dos líderes da instituição. Novas ideias serão sempre bem-vindas e consideradas como uma contribuição importante. Serão considerados virtuosos aqueles que completarem os dois anos na instituição.

"Por uma série de circunstâncias, cujos detalhes só prolongariam desnecessariamente o meu relato, a família foi perseguida pela Igreja Católica, foi obrigada a abandonar a instituição recém-fundada, sob pena de ser considerada herege, e acabou fugindo da Itália para a França, estabelecendo-se em Marseille.

— Por favor, continue, Burt, pois o que você está nos contando é algo importantíssimo, mostra a história desse maravilhoso estabelecimento de ensino e prova o sacrifício que foi necessário para levar adiante um projeto de tal envergadura — admitiu a diretora Trimm.

— Bem, senhora diretora, na França, uma das nossas antepassadas de nome Michele Vivone casou-se com um nobre chamado Robert Valois que, por acaso, era tio do rei da França, Felipe VI[8]. Por volta de 1337, Robert emprestou o último exemplar do livro *Moralidade e Ética* ao rei, que ficou maravilhado com o seu conteúdo e solicitou que Robert se encarregasse de fundar uma escola igual à implantada

[8] Rei Felipe VI da França (1293–1350)

na Itália, que deveria se chamar **ÉCOLE ROYALE FRANÇAISE DE MORALITÉ**.

"Lamentavelmente, por alguns problemas familiares e pelo fato de o rei se encontrar com problemas causados por burgueses, os Vivone não puderam cumprir essa vontade.

"Depois de quase um século, precisamente no ano de 1410, a escola foi construída na Baltimore Estate, próxima ao castelo de Windsor. O seu nome, cuidadosamente escolhido, ficou sendo **THE ROYAL SCHOOL OF MORAL INTEGRITY**. À inauguração compareceu uma parte da nobreza do rei Henrique IV, que enviou o seu filho, mais tarde conhecido como Henrique V, para prestigiar a nova instituição. Gostaria de salientar para a senhora diretora que a Baltimore Estate também foi propriedade da família Vivone por meio do casamento das filhas de Lorde Baltimore, chamadas Grace e Audrey, com Harold e Houston Vivone. Um detalhe que talvez interesse à senhora: a escola foi totalmente financiada pela família Vivone e a frequência para todos os alunos era gratuita."

— E por que, depois de vendida a escola, vocês resolveram voltar a estudar aqui? — perguntou a Sra. Trimm.

— Porque, se não viéssemos para cá, seríamos os únicos Vivone a não frequentar a Royal School, pois desde a sua fundação todos os membros da família estiveram matriculados na instituição em diferentes anos da sua vida — respondeu Burt.

— Agora quero lhes fazer minha última pergunta, pois estou tão encantada com a sua exposição que, aliás, gostaria que repetisse para todos os alunos matriculados neste ano. A pergunta que não quer calar é: que língua é essa que vocês falam entre si?

— Nós sabíamos que essa pergunta surgiria mais cedo ou mais tarde — informou Burt. — Gostaria de lhe contar que nós três nascemos na América do Norte em 1636, na cidade denominada Nova Amsterdam, fundada pelos holandeses. Como os nossos antepassados eram nativos caetés da ilha de Itamaracá, no Brasil, nós crescemos falando a língua deles, chamada tupi, usada até hoje por todos da nossa família. Em 1640, com 8 anos, estávamos em Nova Amsterdam e tivemos contato muito próximo com os nativos da região, chamados lenape. Eles falavam duas línguas diferentes, de nome munsee e unami e, como crianças assimilam rapidamente as palavras, conseguimos aprender o munsee, que hoje falamos correntemente.

"O meu pai, Bruno Vivone, era médico e foi ele que resolveu abrir uma escola no estilo da Royal School em Nova Amsterdam, em 1630, à qual deu o nome de Dutch School of Moral Integrity. Essa escola foi um sucesso absoluto na região, onde viviam poucos habitantes na época, pois ele conseguiu matricular grande número de pessoas de diversas naturalidades como portugueses, holandeses e os próprios lenape. Depois de Nova Amsterdam, fomos para o Brasil e de lá tivemos que sair devido à revolta dos brasileiros de Pernambuco, que resultou na expulsão dos holandeses do Brasil. Como as nossas mães são holandesas, os nossos pais decidiram voltar para a Holanda, onde estão agora, e nós viemos para a Inglaterra, para frequentar a Royal School."

— Essa história é interessantíssima e certamente deverá chamar a atenção de Oliver Cromwell e dos líderes da guerra civil que terminou recentemente, em 1649, portanto pouco antes da chegada de vocês três à Inglaterra — falou a diretora.

— Desculpe essa prova da minha ignorância, mas como chegamos recentemente, não tivemos muitas informações sobre a guerra civil e não ouvimos falar de Oliver Cromwell — respondeu Stephen.

— Realmente não posso culpá-los por isso. Caso vocês estejam interessados, posso esclarecer o que houve na Inglaterra nesses últimos anos.

— Gostaríamos muito — disse Olga.

— Entre 1642 e 1649, a Inglaterra se viu mergulhada num conflito que foi chamado de "Revolução Inglesa" ou "Revolução Puritana" — contou a senhora diretora. — Foi uma disputa entre a monarquia representada pelos "Cavaleiros", partidários de Carlos I[9], rei

9 Rei Carlos I (1600–1649)

da Inglaterra, Escócia, França e Irlanda, e os chamados "Cabeças Redondas", que desejavam acabar com a monarquia e eram defensores do Parlamento. Entre os "Cabeças Redondas" destacou-se Oliver Cromwell[10], que chefiou a cavalaria do exército do Parlamento, tendo obtido as primeiras vitórias sobre os partidários do rei, os realistas, em 1644. Cromwell organizou seu regimento de forma democrática, ou seja, os soldados eram pequenos e médios proprietários rurais, alistados voluntariamente, e o critério de promoção baseava-se exclusivamente na eficiência militar. Aos poucos, as forças do Parlamento passaram a se organizar da mesma maneira, formando um novo tipo de exército denominado "New Model Army", imbatível nos campos de batalha.

"No rastro do New Model Army, surgiu um novo partido, de tendência democrática, os 'Levellers', niveladores, formado por pequenos proprietários rurais que defendiam a extinção da monarquia, o direito ao voto e à representação no Parlamento de todos os homens livres, a separação entre a Igreja e o Estado, o livre comércio e a proteção da pequena propriedade. Sob a liderança de Oliver Cromwell, o New Model Army, apoiado pelos niveladores, venceu a guerra, prendeu e decapitou o rei Carlos I e proclamou a república, em 1649. A monarquia foi considerada 'desnecessária, opressiva e perigosa para a liberdade, segurança e interesse público do povo'. A Câmara dos Lordes também foi extinta, por ser considerada 'inútil e perigosa'"[11].

Ao analisarmos o comportamento de Cromwell, de acordo com os princípios contidos no livro do patriarca Francesco Vivone, é importante considerar um dos atos em que esteve envolvido: o massacre de 3.500 pessoas na cidade de Drogheda, incluindo 2.700 soldados monarquistas e todos os cidadãos que portassem armas, até mesmo civis, prisioneiros e padres católicos, massacre esse justificado por Cromwell, sob o argumento de que os defensores da cidade

10 Oliver Cromwell (1599–1658)

11 https://oficiodahistoria.blogspot.com/2022/06/a-revolucao-inglesa-do-seculo-xvii.html

continuaram a lutar, violando as normas de combate, mesmo depois que as muralhas da cidade foram penetradas. De fato, as suas medidas contra os católicos na Escócia e Irlanda foram caracterizadas como genocídio ou quase-genocídio[12].

12 https://www.britannica.com/biography/Oliver-Cromwell

11

Vocês poderão permanecer com os demais alunos no dormitório da escola. As aulas terão início amanhã cedo e desejo que aproveitem bastante os diversos cursos, especialmente as novas línguas que aprenderão — disse a diretora.

O curso durou dois anos, terminando em 1655, e os primos se formaram com brilhantismo, pois durante o período puderam ainda mostrar os conhecimentos adquiridos durante as viagens ao continente americano e à Holanda. Deram aulas de tupi e um pouco de munsee para alguns interessados, e ao final foram convidados para permanecer na escola como professores, onde ficaram até 1660.

Durante a permanência na Inglaterra, os três primos souberam que seus pais faleceram na Holanda por problemas ligados à idade. Alex, em 1653, Bruno, em 1654 e Charlie, em 1655. O mesmo ocorreu com a tia Elza e Juan Carlos, ambos falecidos em 1654. Entretanto, as mães holandesas Bell, Betsie e Gisele continuam a viver em Amsterdam, no momento tinham cerca de 50 anos.

Apesar de uma série de namoricos, os três primos decidiram deixar o casamento para mais tarde, pois procurariam unir a sua experiência com uma profissão que lhes oferecesse um futuro. Por incrível que pareça, os três desejavam estudar medicina, talvez para homenagear o trabalho de Bruno, que tanto lutou para salvar vidas onde estivesse. Baseavam-se também no tio Juan Carlos, que trabalhou com Bruno no hospital em Nova Amsterdam, e principalmente no avô Piatã, formado em Oxford.

Ao mencionarem à funcionária do departamento de medicina que eram parentes de Piatã Vivone, ela saiu correndo e, pouco depois, voltou solicitando que os três se apresentassem na diretoria da faculdade. Sem saber do que se tratava, chegaram ao escritório do diretor, o professor doutor Alfred Redding, que os recebeu com um grande sorriso.

— Então vocês vieram aqui para seguir a profissão do avô Piatã? — iniciou o diretor. — Isso é uma honra para nós. Ele foi um dos nossos mais brilhantes alunos. Li todos os artigos dele sobre cirurgia, depois ele foi para a Universidade de Southampton, como professor emérito. Aliás não sei se vocês sabiam que ele foi chamado várias vezes ao castelo de Windsor para atender doentes da nobreza, inclusive a rainha Elizabeth I[1] da Inglaterra e Irlanda, filha de Henrique VIII e de sua segunda esposa, Ana Bolena. Foi chamado uma vez para examiná-la após uma queda em que quebrou a perna e teve que ser engessada, mas sem maior gravidade. O Dr. Piatã, pelo que me contaram, falava com os animais e, imaginem só, domesticou várias raposas que habitavam a floresta da Baltimore Estate, feito pelo qual ficou famoso. Lembro-me de que o rei James I, que comprou a área e a Royal School, ficou maravilhado ao presenciar a técnica dele, de lidar com animais selvagens. Enfim, só queria conhecê-los e desejar-lhes um excelente curso de medicina aqui em Oxford.

Os três ficaram entusiasmados com as perspectivas de sucesso na faculdade e prometeram envidar todos os esforços para chegar aos pés de Piatã, de Bruno e de Juan Carlos, todos médicos.

A medicina se tornou uma verdadeira religião para os três primos. Em cinco anos foram diplomados com mérito extraordinário. A formatura trouxe três novos especialistas. Olga se formou em pediatria, Burt seguiu cirurgia geral e Stephen tornou-se clínico geral e cardiologista. Só em 1667, após cumprirem todos os requisitos

1 Rainha Elizabeth I (1533–1603)

da residência no Hospital da Universidade de Oxford, começaram a pensar em assumir outros compromissos além da medicina. Foi quando rememoraram os namoricos sem compromisso que tiveram durante o curso e que não haviam conduzido a nada sério.

O rei da Inglaterra em 1661 era Carlos II (1630–1685), filho de Carlos I, decapitado em 1649. Com a morte do pai, Carlos II tornou-se rei da Escócia em 1651. Com um exército escocês, invadiu a Inglaterra, mas foi derrotado por Oliver Cromwell na Batalha de Worcester, em 1651, apesar do apoio que recebeu dos realistas da Grã-Bretanha. Carlos exilou-se na França, e somente em 1660 foi convidado a voltar à Inglaterra para receber o trono, após a morte de Cromwell, em 1658. Realizou uma aliança com o rei absolutista Luís XIV da França, de quem recebeu ajuda em troca do compromisso de se envolver na guerra contra os holandeses.

Apesar de condenar à morte os que assinaram o documento de condenação do seu pai, ele adotou uma política de tolerância e de repartição de poder. Como era católico, tomou medidas a favor do catolicismo, para desgosto do Parlamento[2].

Nesse período, os três primos acompanharam os episódios ocorridos durante o reinado de Carlos II, especialmente no ano de 1665, durante o qual Londres sofreu a chamada Grande Praga, uma epidemia de peste negra que dizimou perto de 75 mil a 100 mil pessoas, ou seja, praticamente um quinto da sua população na época. Souberam que essa praga, apesar de violenta, não foi tão desastrosa como a ocorrida entre 1347 e 1353 na Europa[3]. Por outro lado, em 1666 ocorreu um violento incêndio em Londres, que modificou completamente o panorama da capital britânica. O fogo começou numa padaria na Pudding Lane, alastrou-se disseminando pânico, resultando em destroços e desabrigados pelas ruas, e destruindo a cidade de Londres, onde moravam, na época, 80 mil pessoas, 1/6 da sua população total.

2 http://www.dec.ufcg.edu.br/biografias/RBCarl02.html

3 https://www.britannica.com/event/Great-Plague-of-London

A estrutura medieval da cidade contribuiu muito para o alastramento do fogo, pois as casas eram de madeira e muito próximas entre si, em ruas muito estreitas. A reconstrução da cidade foi comandada pelo rei Carlos II, que, apesar de receber inúmeras críticas, a reconstruiu nos moldes antigos[4]. Entre 1665 e 1667, a Inglaterra enfrentou a segunda guerra contra a Holanda, que terminou com a vitória dos holandeses.

Um dos atos de Carlos II foi realmente grotesco. Dois anos após a morte de Cromwell, Carlos mandou desenterrar os seus restos mortais e promoveu o seu enforcamento simbólico com dois outros (Henry Ireton e John Bradshaw) que, ao lado de Cromwell, haviam assinado a sentença de morte de Carlos I. Em seguida, mandou decapitá-los e espetar as suas cabeças em postes, exibidas em praça pública durante um dia inteiro[5]. Apesar de se tratar de um ato que poderia ter sido justificado como uma vingança contra os assassinos do seu pai, a barbárie com que foi executado não tem precedentes.

Durante o reinado de Charles II, os holandeses foram expulsos de Nova Amsterdam pelo seu irmão James. Logo após receber do rei uma grande extensão de terras na América, James enviou um pequeno exército a Nova Amsterdam. O general Stuyvesant, diretor-geral da colônia, sem tropas suficientes para defender o território, rendeu-se e, em 1664, foi fundada a cidade de Nova York, em homenagem a James, duque de York, terminando assim o domínio holandês na América[6].

4 http://biografiaecuriosidade.blogspot.com.br/2012/08/vinganca-contra-um-cadaver.html

5 http://biografiaecuriosidade.blogspot.com.br/2012/08/vinganca-contra-um-cadaver.html

6 http://www.history.com/news/the-dutch-surrender-new-netherland-350-years-ago

12

Na realidade, os namoricos dos Vivone durante o curso de medicina, não foram tão insignificantes. A primeira a se apaixonar foi Olga, por um colega do curso de pediatria. Seu nome era Sigmund Kessel, um alemão nascido em 1634, em Wiesbaden, uma cidade situada no estado de Hessen, a 39km de Frankfurt, à margem direita do rio Reno. Os dois estudavam juntos e praticavam sua especialidade com crianças pequenas, cujos pais não podiam pagar o custo dos tratamentos médicos. Em 1666 ficaram noivos, com perspectiva de casamento em 1667.

Burt entusiasmou-se por uma linda francesa, formada em doenças infecciosas. Ela nasceu em 1635, em Lion, uma antiquíssima cidade fundada no ano de 43 d.C. Seu nome era Simone Beaumont, e já morava na Inglaterra antes de se matricular no curso de medicina. Por acaso ela frequentou a Royal School na mesma época em que os primos lá estiveram.

O caso de Stephen foi mais complicado. Sua namorada, de nome Patrícia Osborne, nascida em Londres, em 1636, era filha de um militar inglês que tinha o título de Lorde Osborne. Durante o curso de medicina, ela chegou a sair algumas vezes com um ex-aluno de nome David Brady, que se notabilizou no curso pelo seu temperamento agressivo. Ele desafiava os professores contestando tudo o que ensinavam, argumentando que seu pai era médico e havia lhe ensinado praticamente tudo sobre medicina. Uma das suas peripécias foi dizer que a sangria servia para tudo, curava até a peste e outras doenças como a sífilis. Depois de se incompatibilizar com a diretoria da faculdade, agrediu fisicamente um professor de química, que chamou sua atenção por provocar uma explosão no laboratório. Como consequência, foi expulso de Oxford. No entanto, mesmo depois da expulsão, continuou a perseguir e assediar a namorada de Stephen.

O azar de David foi o fato de Stephen ser um homem de força descomunal, um atleta acostumado a realizar treinos com especialistas em luta greco-romana, que requer um preparo físico extraordinário, além de grande agilidade. David, por sua vez, era alto e magro, mas não tinha qualquer espécie de preparo atlético e não era adversário à altura de Stephen.

Entretanto, ao saber do namoro firme de Stephen, David resolveu enfrentá-lo quando o casal passeava pela floresta Wytham, um dos locais mais românticos de Oxford.

— Então você resolveu roubar a minha namorada? — gritou David ao encontrá-los.

— Acho que você dever estar enganado, pois a Patrícia não me comunicou nada a seu respeito. Se quiser, aproveite para perguntar a ela, aqui mesmo — disse Stephen.

— Você sabe perfeitamente que sou o seu namorado, não é verdade, Patrícia?

— David, nós tivemos alguns bons momentos na faculdade, mas lamentavelmente eu percebi que não daria certo, e agora estou definitivamente com Stephen, espero que compreenda — assegurou Patrícia.

— Bem, parece que o assunto está esclarecido e que você terá que se conformar com a informação da Patrícia — falou calmamente Stephen.

— Você está se metendo em algo que não lhe concerne, e a conversa não chegou até você, caso contrário vou ter que forçá-lo a se retirar — desafiou David.

— E como é que pretende fazer isso? — respondeu Stephen.

A conversa foi ouvida por um colega, também médico, de nome Oscar Garrett, formado na mesma turma e companheiro de residência de Stephen e Patrícia. Ao passar por perto, ele sentiu que a coisa não estava muito interessante para David, considerando a diferença em matéria de forma física entre os dois.

— Desculpem se estou me metendo onde não devo, mas senti certa tensão entre vocês dois. Gostaria de lembrá-lo, caro David, de que eu fui campeão de luta greco-romana durante o período de estudos em Oxford e que só perdi uma luta das inúmeras que tive na universidade. O único que me derrotou foi justamente o Stephen. Portanto, aconselho-o a não partir para o lado da violência, pois você iria certamente se arrepender — afirmou Oscar.

— Nesse caso, só me resta utilizar outros meios — retrucou David, virando as costas e saindo do local.

Aparentemente o assunto estava encerrado. Finalmente a sós, Stephen reafirmou a Patrícia a sua séria intenção de pedi-la em casamento. Felizes, marcaram a data para dali a duas semanas. Souberam que David Brady resolveu emigrar da Inglaterra.

Como de costume na família Vivone, todos decidiram celebrar os casamentos na mesma data, com a presença da maioria dos colegas de Oxford. A festa aconteceu em janeiro de 1667 e contou com a presença do rei Charles II. Foi algo inusitado, raramente visto na Inglaterra: o casamento de seis médicos, todos formados em Oxford.

A má notícia que abalou os casais foi o suicídio de David Brady, que não achou uma solução para se recuperar do amor que sentia por Patrícia.

Enquanto trabalhavam numa clínica em Londres, fundada por eles, os seis queriam estabelecer o nome dos Vivone e dos Kessel na Inglaterra. Foram extremamente bem-sucedidos. Como sempre, os recursos da família Vivone eram amplos, tendo em vista a enorme quantidade de bens herdados dos pais. Com isso, a clínica obedeceu a um estilo grandioso e atraiu a elite de Londres.

Sigmund Kessel, no entanto, ressentia-se da ausência dos seus parentes na Alemanha e conversou longamente com os cunhados, sobre uma possível ida para a sua cidade natal, Wiesbaden. Olga também alimentava essa vontade, baseada nos relatos de seu marido sobre as belezas do local e das cidades vizinhas.

Todos apoiaram Olga, quando decidiu aceitar o convite do marido para visitar Wiesbaden. Como os parentes de Sigmund moravam na cidade, seria fácil conseguir ou mesmo fundar uma clínica médica pediátrica. Os dois partiram em 1668, enquanto os quatro restantes permaneceram na Inglaterra.

Nos anos seguintes, todos já haviam gerado filhos. Os "alemães" tiveram dois rapazes de nome Otto e Dirk, o primeiro nascido em 1669 e o segundo em 1670. Burt teve só um filho de nome Christopher, nascido em 1669, e Stephen teve gêmeos de nome Lilian e Albert, nascidos em 1669.

Para resumir as alterações na família Vivone até 1670, é apresentada a seguir a árvore genealógica atualizada.

ÁRVORE GENEALÓGICA ATUALIZADA DA **FAMÍLIA VIVONE** NO ANO DE 1670

Piatã (1531–1612) e Sílvia Taylor (1544–1624)

Elza (1578–1654) e Juan Carlos (1575–1654)

Ybyajara (1531–1612) e Trudy Watson (1542–1624)

Charlie (1580--1655) e Bell Peters (1605–

Stephen (1636–) e Patricia Osborne (1636–)

Lilian (1669–)

Albert (1669–)

Cauã (1531–1612) e Sherry Paulson (1542–1624)

Bruno (1578–1654) e Betsie Jansen (1605–)

Burt (1636–) e Simone Beaumont (1635–)

Christopher (1669–)

Teodoro (1531–1612) e Elizabeth Evans (1543–1624)

Alex (1581–1653) e Gisele van Eyck (1605–)

Olga (1636–) e Sigmund Kessel (1634–)

Otto Vivone Kessel (1669–)

Dirk Vivone Kessel (1670–)

■

Dez anos mais tarde, em 1680, os filhos já frequentavam uma escola primária em Londres. Durante um almoço, Christopher veio correndo todo nervoso, com uma carta da Holanda, e a entregou à sua mãe. Ao verificar do que se tratava, Simone viu que sua sogra Betsie necessitava urgentemente da presença dos filhos para resolver vários problemas relacionados às residências das famílias em Amsterdam. Na carta, mencionava que a prefeitura da cidade queria desapropriar as residências e utilizá-las como repartições públicas. O susto foi geral, pois significava um risco enorme de perder as últimas propriedades dos Vivone na Holanda.

— E agora? — perguntou Burt.

— Temos que socorrê-las urgentemente — afirmou Stephen.

— Mas o que faremos com as crianças que têm que ir ao colégio? — indagou Simone.

— Eu proponho que um de nós vá para a Holanda e os outros fiquem por aqui mesmo. Se quiserem, eu posso embarcar em Southampton no primeiro navio que sair para lá — disse Burt.

— Acho que é a melhor solução enquanto nós ficamos cuidando das crianças e da clínica — sugeriu Patrícia.

Burt embarcou uma semana depois, chegou a Amsterdam em sete dias e rumou diretamente para a casa de Betsie, que esperava aflita por auxílio da família. Ela ficou feliz em ver o próprio filho, que veio tentar resolver o problema. Depois de novamente ambientado na cidade, foram de manhã à prefeitura conversar com o oficial encarregado das desapropriações.

— Senhor, viemos conversar consigo, pois soubemos que a prefeitura quer desapropriar as casas da minha mãe e das minhas duas tias. Qual seria a razão para fazê-lo? — perguntou Burt.

— Em primeiro lugar, exijo que o senhor me chame pelo nome. Eu sou Julián Gerhardt, diretor-geral de engenharia da Prefeitura Municipal de Amsterdam.

— Perfeitamente, Dr. Julián, meu nome é Burt Vivone e sou médico formado na Universidade de Oxford, ao seu dispor.

— Mas que coincidência agradável, doutor Vivone. O primo da minha esposa se formou também em Oxford e é pediatra. Talvez o senhor o conheça, é um alemão nascido em Wiesbaden, se chama Sigmund Kessel — disse o senhor Gerhardt, já mais gentil.

— Realmente, senhor Gerhardt, o mundo parece muito pequeno, pois o doutor Kessel é casado com a minha prima, Olga, que está no momento com ele em Wiesbaden. É uma coincidência incrível — falou Burt, rindo.

— Então estamos em família, e para provar que somos tão próximos, gostaria de convidá-lo e à senhora sua mãe e suas tias para almoçarem comigo e com minha esposa amanhã, sábado. Seria um grande prazer e poderíamos conversar sobre o assunto das suas casas, o que acha? — perguntou Julián.

— Seria uma grande honra para nós, e poderemos nos conhecer melhor, já que a minha mãe, as minhas tias, os meus primos e eu somos holandeses. Temos muito a conversar, principalmente sobre as nossas viagens internacionais. Se me permitir chamá-lo de Julián ficarei muito honrado — brincou Burt.

No dia seguinte, durante o almoço, o ambiente foi de extrema cortesia, e a menção do parentesco de Sigmund com a esposa de Julián parece que mudou totalmente a mente do empertigado senhor Gerhardt. Depois dos costumeiros agradecimentos pelo gentil convite, Julián pediu a Burt que trouxesse os documentos que provassem a propriedade das casas, pois um dos motivos da desapropriação foi motivado pela ausência de provas de que as casas pertenciam realmente às famílias das senhoras holandesas.

As três amigas passaram os dias seguintes fazendo uma limpeza minuciosa em suas residências para encontrar os documentos necessários para encaminhar à prefeitura. Lamentavelmente, Gisele nada mais poderia fazer, pois sua casa fora incendiada, conforme informou o padre da igreja. A única forma de recuperar esse prejuízo seria provar que o incêndio fora criminoso e entrar com uma ação na prefeitura, requerendo uma indenização no valor equivalente à residência destruída.

Bell e Betsie acharam documentos suficientes para demonstrar que a propriedade era das respectivas famílias, que haviam recebido os imóveis por herança. Para iniciar um pedido de indenização, Gisele sugeriu que eles fossem conversar com o padre da igreja, que se lembrava do incêndio e dos seus pais.

O padre Swen Davidsen estava na sacristia quando Burt e as três entraram na igreja. Atenciosamente, perguntou o que poderia fazer por elas.

— Reverendo padre, viemos mais uma vez consultá-lo sobre o seu relato do incêndio, que consumiu a casa dos meus pais — falou Gisele. — Estivemos na prefeitura e conversamos com o doutor Julián Gerhardt, que nos recebeu maravilhosamente e pediu que lhe fornecêssemos a documentação das nossas casas, para provar que somos suas legítimas proprietárias. Como, lamentavelmente, as provas de que a casa era da nossa família foram consumidas durante o incêndio, viemos pedir a Vossa Reverendíssima para nos prestar auxílio com uma simples carta à prefeitura, informando que conhecia os meus pais e que eles eram proprietários da residência destruída. Dessa maneira, poderíamos reivindicar junto à prefeitura uma justa indenização pelo crime cometido pelos incendiários naquele dia de São Ludgero.

— Será com grande satisfação que farei a carta e afirmarei com convicção de que eu conhecia os seus pais, que frequentavam assiduamente a minha paróquia. Pode ficar tranquila, senhora Gisele, que até me disponho a conversar pessoalmente com o senhor Gerhadt, que comparece muitas vezes durante as missas de domingo — respondeu o padre.

— Não sei como agradecer a sua gentileza em confirmar nossa solicitação, e estamos ao seu inteiro dispor para o que pudermos fazer em benefício da sua paróquia — comunicou Gisele.

Realmente, o padre Davidsen cumpriu a promessa e a carta foi encaminhada no dia seguinte ao senhor Gerhardt.

Ao comparecer à prefeitura, antes de poder iniciar a conversa, Burt foi surpreendido por uma solicitação pouco comum do Sr. Gerhardt.

— Caro Dr. Vivone — iniciou o oficial da prefeitura —, eu tenho um pedido a fazer. Sei que a minha solicitação pode lhe parecer um pouco ousada, mas não pude resistir e tomei coragem para incomodá-lo. Trata-se do seguinte: a minha esposa, há muito tempo vem apresentando manchas vermelhas no corpo todo, que produzem uma coceira tão violenta que ela chega a desmaiar quando começa o ataque. Os médicos que consultamos não conseguiram identificar a origem da moléstia, que já dura quase três anos. Eu queria pedir encarecidamente ao senhor doutor, se estiver disposto, a dar uma olhada na minha esposa e verificar se seria possível identificar a doença que está judiando da pobre criatura.

— Claro, se o senhor quiser podemos ir até sua casa agora mesmo, e terei prazer em verificar o seu estado de saúde — propôs Burt.

— Então vamos até lá — disse o senhor Gerhardt. — O nome dela é Elke Marie.

Chegando lá, Burt se dirigiu a ela:

— Senhora Elke, o seu marido me solicitou que fizesse um exame na sua pele, para verificar porque seu sofrimento não lhe dá trégua. Basta a senhora me mostrar os seus braços e antebraços que já poderei ver do que se trata. Noto que existem algumas bolhas na sua pele e pergunto se elas costumam secar ou estourar? — perguntou.

— Varia — disse ela, com um sorriso. — Algumas secam quando eu procuro me conter para não coçar, outras estouram quando não aguento sem passar as unhas nas bolhas. Eu estou com esse prurido há quase três anos e não aguento mais. Por favor faça alguma coisa para aliviar o meu desespero.

— Minha senhora, o que vejo na sua pele é o que os médicos denominam de eczema ou dermatite atópica[1], uma doença que já se conhece desde o tempo de Hipócrates, o pai da Medicina, nos séculos IV e V antes de Cristo, sabendo-se de um caso em Atenas de uma pessoa acometida de prurido que afetava o seu corpo com grande

[1] Leite RMS, Leite AAC, Costa IMC. Dermatite atópica: uma doença cutânea ou uma doença sistêmica? A procura de respostas na história da dermatologia. An Bras Dermatol. 2007; 82(1):71-8.

intensidade. Por isso, essa pessoa ficava na ilha de Melos, tomando banhos quentes que melhoravam os sintomas, reduziam o espessamento da pele e o prurido. Infelizmente até hoje não foi achada uma solução para curar definitivamente a moléstia que surge sem que se possa identificar a causa. Existem relatos de sua relação com fatores pessoais, familiares e ambientais. Entre os autores do Mundo Antigo, muitos tinham a visão da pele como órgão de "eliminação dos humores", mecanismo vital para a cura de muitas morbidades. Dessa forma, surgiu uma ideia errônea de que as doenças cutâneas não devem ser tratadas. Essa é a visão da época sobre a dermatite atópica, por meio da qual poderia ser eliminado o que chamavam de "linfa viciada".

"Mas tudo isso poderá não interessar à senhora, pois o seu desejo ardente é de escapar dessa praga. Então eu tenho duas notícias para lhe dar. Uma não tão boa e outra boa. Vamos a elas. A não tão boa é que o eczema não tem cura. A boa notícia é que os seus sintomas poderão ser atenuados. Procure tomar banhos não tão quentes, como querem alguns médicos, e sim banhos mornos. Ao mesmo tempo, a senhora deverá tentar não tocar nas feridas e nas bolhas, tratando-as com cremes que deixam a pele mais hidratada, pois a sua pele é extremamente seca e isso propicia o aumento da coceira. Por essa razão, procure não lavar as partes afetadas com sabão, pois ele poderá secar ainda mais a sua pele. Procure não tomar sol em demasia. Não se exponha a excesso de calor e procure não suar demasiadamente.

"Apenas por curiosidade, saiba que os antigos egípcios usavam cremes e poções de beleza. No sarcófago de Tutankhamon[2] foram encontrados cremes, incenso e potes de azeite usados na decoração e no tratamento. Na Grécia antiga, os banhos eram uma prática comum e a higiene e o asseio eram valorizados. Nos manuscritos de Hipócrates já se encontram orientações sobre higiene, banhos de sol e de água e a importância do exercício físico. A palavra "cosmético" e seu feminino "cosmética" originam-se do grego *kosmétikos* e do

[2] Tutankhamon (c. 1341 a.C.–c. 1323 a.C.)

latim *cosmetorium*, ou de Cosmus, perfumista romano famoso do século I, que fabricava o cosmianum, unguento antirrugas de grande fama, além de vários preparados. Durante o Império Romano, um médico grego chamado Galeno de Pérgamo[3] desenvolveu um precursor dos modernos cremes para a pele, a partir da mistura de cera de abelha, óleo de oliva e água de rosas. Galeno deu o nome de Unguentum Refrigerans a seu produto. O creme se funde em contato com a pele, liberando a fase interna aquosa, o que produz uma sensação refrescante[4]."

— Doutor Vivone, estou imensamente grata pelos seus conselhos os quais seguirei cuidadosamente. Eu desconfiava que a minha moléstia não tinha mesmo cura, mas a sua explicação sobre o tratamento foi de grande utilidade — disse Elke.

— Doutor Vivone, foi uma bênção eu ter convidado o senhor para ajudar a minha esposa. Muito obrigado. Quanto ao caso das desapropriações, informo que recebi os documentos de propriedade das casas, são perfeitamente satisfatórios. Além disso, a carta do reverendo padre Davidsen provou que a residência incendiada era realmente da senhora Gisele van Eick. Assim, fique tranquilo que a prefeitura de Amsterdam fará tudo que for possível — afirmou o senhor Gerhardt.

De volta à casa de Gisele, Burt disse a ela:

— Querida tia Gisele, acho que dentro de uma ou duas semanas poderá entrar com um pedido de indenização na prefeitura. Veremos então se o senhor Gerhardt se lembrará da carta do reverendo padre — acrescentou Burt.

Praticamente resolvido o problema na Holanda, Burt voltou à Inglaterra, pois certamente os familiares estariam curiosos para saber do desenlace do risco de desapropriação.

Burt ficou dois anos ausente, até 1682. Durante a estada em Amsterdam, examinou a sua mãe e as tias para verificar porque apresentavam alguns problemas de saúde. Descobriu algo inusitado:

3 Galeno de Pérgamo (129–c. 216 d.C.)

4 http://www.crq4.org.br/historiadoscosmeticosquimicaviva

as três mulheres tinham sintomas parecidos. Elas apresentavam necessidade de urinar muitas vezes e sentiam muita sede e fome. Apesar de comerem muito, vinham emagrecendo, mostrando ainda significativas mudanças de humor, nervosismo, fadiga e fraqueza. Às vezes, sem causa aparente, tinham náuseas e vômitos e se queixavam de formigamento nos pés. Gisele comunicou que um corte num dos dedos demorou muito para cicatrizar.

Burt percebeu facilmente do que se tratava. Tais sintomas já eram conhecidos por gregos, chineses, indianos e persas que perceberam o gosto doce da urina e do sangue dos doentes, o que, aparentemente, explicava todos os sintomas descritos. Tratava-se, sem qualquer dúvida, de "diabetes", termo este que foi completado com a palavra "mellitus" em 1675, por Thomas Willis[5] justamente devido ao gosto doce da urina (o que já havia sido notado por antigos indígenas)[6]. Willis foi contemporâneo de Burt em Oxford e um dos mais importantes pesquisadores sobre a doença.

O primeiro relato que se tem do diabetes é de um papiro da terceira dinastia egípcia, que data de 1552 a.C., no qual o médico Hesy-Rá, no Papiro de Ebers, menciona uma doença que causava poliúria (muita urina), polidípsia (muita sede), e polifagia (muita fome), além de provocar uma rápida perda de peso. Os curandeiros da época também notaram que a urina dessas pessoas atraía formigas, mas não sabiam dizer o porquê.

O tratamento recomendado pelos médicos daquela época era completamente natural: óleo de rosas, geleia de carne de cobra, coral vermelho em pedaços, amêndoas doces e até mesmo esterco de cabra cozido em leite — um completo absurdo. Os médicos da época classificaram a doença como uma das mais difíceis de curar.

Areteu foi um médico nascido na Capadócia que pode ser considerado o "pai" do diabetes. Ele foi o primeiro, no primeiro século depois de Cristo, a descrever com perfeição os sintomas da doença,

5 https://www.ncbi.nlm.nih.gov/pubmed/11953758

6 https://www.news-medical.net/health/History-of-Diabetes.aspx

e também se credita a ele o "batizado" da doença, chamando-a de diabetes, a partir da palavra grega que significa "sifão", indicando a principal característica diagnóstica: o grande fluxo de urina.

Durante o século XVII, de maneira geral, concluiu-se que o problema com o diabetes era a dieta. Descobriram que o consumo de carboidratos prejudicava os pacientes com diabetes, e decidiram cortá-los da dieta, trocando alimentos como pães e batatas, por carnes e alimentos gordurosos. A maioria dos pacientes respondeu bem a esse tratamento por algum tempo. Curiosamente, um médico francês tinha uma terapia de "reposição": como a pessoa com diabetes perdia muita glicose pela urina, ela devia, então, repor tudo o que perdeu comendo o máximo de açúcar que conseguisse — mais um absurdo[7].

Enfim, Burt sabia que carboidratos em excesso eram contraindicados para os doentes que apresentavam esses sintomas, e pediu à mãe e às tias que os evitassem o quanto pudessem. Ele sabia também que a moléstia não tinha cura e que a vida das três não se prolongaria por muito tempo. Com grande tristeza comunicou o seu prognóstico a elas, que se conformaram com o seu destino, dizendo que tiveram uma vida cheia de alegrias e que a viveram intensamente, especialmente por terem sido agraciadas com seus maravilhosos maridos e filhos.

[7] http://www.diabeticool.com/a-historia-do-diabetes-parte-1-da-antiguidade-ao-seculo-xix/

13

De volta à Inglaterra, Burt e seus primos continuaram a trabalhar na clínica até o ano de 1705. Lamentavelmente, a previsão de Burt se confirmou mais cedo do que esperava, pois as três mães não resistiram à diabetes. Bell faleceu em 1685, e Betsie e Gisele em 1686.

Os filhos frequentaram a Royal School como era de costume para a família Vivone, e posteriormente se formaram em diversas profissões. Todos continuavam morando perto da Baltimore Estate depois de voltarem de Oxford, onde Lilian estudou arte dramática e balé, Albert formou-se em engenharia, Christopher não resistiu ao seu propósito de estudar medicina e graduou-se em ortopedia e clínica geral. Otto e Dirk tornaram-se, respectivamente, professores de piano e violino em Wiesbaden. Como não queriam depender financeiramente dos pais, além do ensino de música, passaram a ensinar italiano, português, inglês e tupi na Universidade de Heidelberg. Os dois eram de uma sensibilidade extraordinária, sendo reconhecidos como talentos musicais privilegiados pelos docentes da universidade. A seguir, mais uma árvore genealógica, atualizada até 1705.

ÁRVORE GENEALÓGICA ATUALIZADA DA **FAMÍLIA VIVONE** NO ANO DE 1705

Piatã (1531–1612) e Sílvia Taylor (1544–1624)

  Elza (1578–1654) e Juan Carlos (1575–1654)

Ybyajara (1531–1612) e Trudy Watson (1542–1624)

  Charlie (1580–1655) e Bell Peters (1605–1685)

    Stephen (1636–) e Patricia Osborne (1636–)

    Lilian (1669–)

    Albert (1669–)

Cauã (1531–1612) e Sherry Paulson (1542–1624)

  Bruno (1578–1654) e Betsie Jansen (1605–1686)

    Burt (1636–) e Simone Beaumont (1635–)

      Christopher (1669–)

Teodoro (1531–1612) e Elizabeth Evans (1543–1624)

  Alex (1581–1653) e Gisele van Eyck (1605–1686)

    Olga (1636–) e Sigmund Kessel (1634–)

      Otto Vivone Kessel (1669–)

      Dirk Vivone Kessel (1670–)

Em 1707, numa das exibições musicais de Otto e Dirk no Teatro de Arnstadt, os dois irmãos conheceram um jovem de 22 anos, músico, compositor, organista, violinista, pianista e cravista[1] já bastante famoso. Era uma pessoa agradável que congratulou os dois pela performance. No meio da conversa, souberam que se tratava de Johann Sebastian Bach. Depois de agradecerem os elogios, ficaram curiosos para saber mais sobre ele, e pediram que falasse um pouco sobre sua origem.

1 https://super.abril.com.br/mundo-estranho/qual-e-a-diferenca-entre-cravo-orgao-e-piano/

— Bem, eu nasci em Eisenach, na Turíngia, em 1685 — começou Johann. — Sou descendente de uma família de músicos, pois o meu pai Johann Ambrosius Bach era um especialista em instrumentos de corda e trompa, considerado um músico de alto nível, assim como a minha mãe Elisabeth Lämmerhirt, de Erfurt, que descendia de várias gerações de concertistas. Como os meus pais morreram em 1694 e 1695, com 9 anos fui morar com meu irmão mais velho chamado Johann Christoph, que era organista na Igreja de São Jorge, na cidade de Ohrdruf. Foi ele quem me ensinou a arte do teclado. Mais tarde fui estudar no Liceu de Ohrdruf, onde aprendi latim e cantava no coral da escola. Como o meu irmão não tinha mais recursos para me sustentar, acabei indo para Lüneburg com o meu amigo Georg Erdmann.

— Desde quando está aqui em Arnstadt? — indagou Dirk.

— Estou aqui desde 1703, e devo ir para Weimar ainda este ano, lá desejo me estabelecer por algum tempo. Vocês conhecem Weimar? — perguntou Johann.

— Sei que Weimar é classificada como a cidade dos intelectuais e que foi fundada em 899 d.C. O que vai fazer lá? — consultou Otto.

— Vejam, eu sou organista de Arnstadt desde 1703, onde toco na "Neue Kirche", a Nova Igreja. Lá existe um órgão maravilhoso da marca "Wender". Como eu estava apaixonado por esse órgão, não queria cantar no coro da escola da igreja. Na Neue Kirche, eu frequentemente me exasperava com os cantores e instrumentistas que dirigia, pois eles eram relapsos, desinteressados e rebeldes às minhas ordens como jovem regente. Em certa ocasião, me irritei com um fagotista, chamado Geyersbach e disse que ele parecia "um bode tocando fagote". À noite, Geyersbach se encontrou comigo numa rua de Arnstadt e chegamos a trocar socos e pontapés[2]. Enfim, para encurtar a história, eu saí de Arsnstadt e fui para Lüneburg, onde fiquei alguns meses. Eu conto a vocês uma coisa curiosa. Em 1705,

[2] Manhã com Bach #108: Em Arnstadt, Bach trocou socos com fagotista no meio da rua. Jornal da USP

consegui uma licença de quatro semanas e fui a Lübeck, onde encontrei dois músicos notáveis. Um se chama Dietrich Buxtehude, um vocalista, e o outro é Johann Adam Reinken, um famoso organista. Ambos tiveram uma grande influência na minha cultura musical. E acreditem, andei 320km a pé para vê-los. Aliás, eu andava muito na época[3]."

— E qual foi a sua composição principal em Arnstadt?[4] — indagou Dirk.

— Acho que eu gosto bastante, entre as outras, do *Prelúdio e Fuga em Sol Menor*. Querem ouvi-la? — perguntou Bach.

— Seria uma honra para nós, senhor Bach.

A peça tocada por ele encantou os dois músicos, que não se continham de tanto entusiasmo. Consideraram Johann Sebastian Bach o maior virtuoso que tiveram o privilégio de ouvir, além do maravilhoso som produzido por ele.

— Temos tanto a aprender depois de ouvirmos o senhor tocar essa maravilhosa obra! Parece que devemos nos atualizar, pois o que nós dois produzimos até hoje deve ser descartado até podermos aprender e interpretar composições como a sua. Tenho certeza de que, além dessa, o senhor deve ter uma quantidade enorme de criações musicais — falou Otto, humildemente.

— Obrigado pelos seus elogios, tenho certeza de que vocês continuarão a ser os grandes músicos que me impressionaram, pois o seu talento foi visível durante a apresentação. Desejo-lhes boa sorte em suas interpretações musicais — finalizou Bach.

— Realmente não sabemos como agradecer a sua aula de interpretação musical e genialidade de composição — falou Dirk, ao se despedirem do gênio da música.

3 http://www.let.rug.nl/Linguistics/diversen/bach/map.html

4 Para os leitores terem uma ideia do roteiro de Johann Sebastian Bach em sua vida, consta a seguir a *timeline* e as cidades em que esteve: Eisenach 1685-1695; Ohrdruf 1695-1700; Lüneburg 1700-1702; Weimar 1703-1703; Arnstadt 1703-1707; Mühlhausen 1707-1708; Weimar 1708-1717; Köthen 1717-1723.

Enquanto isso, o sucesso da família Vivone continuava cada vez mais extraordinário. Em 1705, Lilian conseguiu uma vaga no Her Majesty's Theatre (Teatro de Sua Majestade) ou Queen's Theatre[5], fundado naquele mesmo ano pelo arquiteto e dramaturgo John Vanbrugh. Lilian foi escolhida entre quinze candidatas, para treinar com o objetivo de conquistar a vaga de primeira bailarina do balé do teatro. Ao mesmo tempo, foi solicitada a interpretar alguns papéis secundários na equipe de atores, algo inesperado por seus amigos e, principalmente, por ela mesma. O seu talento natural foi o motivo primordial para a escolha.

Albert, por outro lado, foi recebido no castelo de Windsor como candidato a auxiliar de engenheiro, se apresentando ao arquiteto Hugh May, que havia sido encarregado pelo rei Charles II (1630–1685) para supervisionar a modernização dos apartamentos reais com novos produtos têxteis e magníficos tapetes. Para preservar as cores, essas peças só eram expostas na presença do rei e da rainha[6]. Charles II transformou o castelo de Windsor de uma fortaleza militar num palácio barroco de grande opulência, terminando-o em 1683.

Após a apresentação de Albert Vivone, Hugh achou que já tinha ouvido esse sobrenome antes, só que não se lembrava de onde. Albert explicou que os seus antepassados, Luigi Vivone e seus filhos Harold e Houston, trabalharam com o engenheiro Guilherme de Wykeham, construtor-chefe do castelo de Windsor, por volta de 1400. Ele havia mandado gravar o nome dos três Vivone na antessala da capela de São Jorge, em reconhecimento pelo trabalho. Albert disse que foi uma glória ter o nome dos Vivone num local tão famoso como o castelo de Windsor[7].

— Agora me lembro do nome de sua família — disse Hugh, entusiasmado. — Foi uma obra que ficou na história do castelo. Então

5 https://www.londontheatredirect.com/venue/13/her-majestys-theatre.aspx

6 https://www.rct.uk/visit/windsor-castle/who-built-windsor-castle/

7 Ver Cap. 16 de *Moralidade e Ética - Volume 1*

gostaria de saber quando o caro amigo Vivone poderia iniciar os trabalhos com minha equipe.

— Imediatamente, com muita satisfação por poder trabalhar com o ilustre arquiteto — apressou-se Albert.

14

Em 1710, os Vivone ainda possuíam bens em várias partes do mundo. Como Sigmund entrou mais tarde na família, ele e os filhos Dirk e Otto só sabiam vagamente dos detalhes. Olga, assim como Stephen e Burt, sabiam perfeitamente que tinham uma casa em Lisboa e mais duas em Amsterdam, onde moraram Bell e Betsie. A residência de Gisele havia sido perdida devido ao incêndio, mas, aparentemente, Burt entrou com uma ação de indenização na prefeitura de Amsterdam. Além disso, Burt lembrou-se da clínica médica fundada por seu pai, Bruno, em Nova Amsterdam, com o auxílio de Juan Carlos, marido de Elza. Essa clínica — onde nasceram Burt, Stephen e Olga — foi registrada em nome dos dois médicos. Por outro lado, os Vivone, nesse mesmo local, fundaram a Dutch School of Moral Integrity. Otto e Dirk, apesar de músicos, são proprietários de uma clínica em Wiesbaden, que deve ter sido registrada em nome deles. Quanto ao ouro da família, foi sendo gasto em parte nesses anos, mas cada um dos familiares ainda possui o suficiente para levar uma vida bastante tranquila.

Num jantar com Christopher, Lilian e Albert, Burt lembrou-se da importância desses bens espalhados pelo mundo e tentou obter sugestões dos familiares sobre o que fazer para conservá-los dentro da família.

— Meus queridos — começou Burt —, nós já estamos velhos e não sei como fizemos para chegar a essa idade. Deve ser consequência dos nossos hábitos sadios de vida, mas a morte é certa e nós não temos mais a resistência que tínhamos no passado. Por outro lado, os nossos filhos estão com idades por volta de 40 anos e não sei por que ainda não se casaram. Portanto, temos dois problemas: o primeiro consiste em ver como estão as nossas propriedades e se não foram invadidas ou simplesmente destruídas. O segundo problema me leva à conclusão de que os filhos devem se casar sob pena de acabar a família. Então resta pouco tempo para podermos garantir as propriedades para a próxima geração dos Vivone. Não sei como estão Otto e Dirk em Wiesbaden, dos quais ouvimos muito pouco.

— Eu tenho uma notícia a dar para vocês — aparteou Christopher. — Eu não quis contar antes de poder confirmar o meu noivado com uma médica inglesa de Cambridge, cidade situada a 100km de Londres. Ela veio a Oxford para uma conferência sobre febre-amarela e eu estava presente. Ela nos contou que a febre amarela apareceu primeiramente na África e o primeiro relato de uma epidemia semelhante está em um manuscrito Maia de 1648, em Yucatán, México. Na Europa, a febre amarela já havia se manifestado antes dos anos 1700[1]. Enfim, para falarmos de assuntos mais agradáveis, queria comunicar que nós vamos nos casar em dois meses, ou seja, em janeiro de 1711. O nome dela é Evelyn Wellington, nascida em 1680, e ela está aqui perto da nossa casa.

— Parabéns! — gritaram todos ao mesmo tempo.

— Então vamos tratar dos bens e ver como resolveremos esses problemas — acrescentou Stephen. — Eu tenho algumas sugestões a fazer. Como o Christopher vai se casar em janeiro, acho que o casal deve ter a chance de fazer uma bela viagem de lua de mel e, para que seja agradável e ao mesmo tempo útil para todos nós, o casal deveria ir para Nova Amsterdam, onde poderiam ver em que pé está a clínica fundada pelo meu tio Bruno e a Dutch School of Moral Integrity, construída pelo meu pai. Aliás o nome da cidade de Nova Amsterdam

1 http://bvsms.saude.gov.br/bvs/febreamarela/historico.php

mudou de nome para Nova York, em 1664, em homenagem ao duque de York. Enfim, o que acha da minha ideia, Christopher?

— Excelente, vamos conversar com a Evelyn para ver se está disposta a enfrentar essa aventura. Ela deve estar chegando, assim poderemos resolver o caso. É uma grande sugestão — disse Christopher.

— Agora vamos falar sobre a casa de Portugal — disse Stephen. — Lembro-me de que, o meu avô Ybyajara ficou de fazer uma doação da propriedade às esposas e aos filhos, e que iria providenciar a documentação necessária para essa doação. O primo do meu avô, Cauã, o nosso hábil advogado, ficou de tomar as devidas providências. Caso tudo isso tenha sido feito, podemos ter a certeza de que a casa continua pertencendo aos Vivone. Mas como vamos nos assegurar de tudo isso? Alguém da família tem que ir para Lisboa com a nossa procuração, para provar perante o cartório que a propriedade é mesmo nossa. Eu me disponho a ir para Portugal, pois acho que aguento uma viagem a Lisboa. Sinto-me em grande forma, mas só irei se a minha querida Patrícia for comigo.

— Pai, eu gostaria de acompanhá-lo se estiver de acordo, e tenho certeza de que a mamãe também gostaria de ir — falou Lilian.

— Já estou arrumando as malas — falou Patrícia.

— Combinado, vamos marcar a data — afirmou Stephen.

— E quem vai a Amsterdam investigar a situação das três casas? — perguntou Burt. — Acho que vai sobrar para mim, pois eu cuidei de tudo naquela ocasião.

— Agora temos que descobrir como andam os músicos da nossa família, Dirk e Otto — disse Stephen. — O que eu sei é que os dois ficaram famosos em Wiesbaden e tocaram nos lugares mais nobres da Europa. Mas lembro também que a nossa prima Olga e o tio Sigmund fundaram uma clínica médica nessa cidade, portanto ela ainda deve existir, caso não tenha sido vendida. Acho que uma carta para eles esclareceria essa dúvida.

— E o ouro? — indagou Burt.

— Bem — intercedeu Stephen —, eu sei que a família Vivone vem vivendo do dinheiro e do ouro que meu tio-avô Cauã distribuiu aos familiares, e que a riqueza foi sendo passada de geração em geração.

Tudo acontece rapidamente com os Vivone após uma decisão tomada. Mas todos aguardariam o casamento de Christopher e Evelyn, que achou maravilhosa a ideia de aproveitarem a viagem para uma lua de mel. Os dois prometeram investigar o destino da clínica e da Dutch School of Moral Integrity.

Burt, apesar de um pouco cansado, resolveu enfrentar mais esse desafio. Dessa vez, porém, quis fazer uma lua de mel de idosos com a sua esposa Simone, que adorou o programa. A carta a Olga e Sigmund seguiu no dia seguinte para Wiesbaden.

O casamento de Christopher e Evelyn ocorreu em janeiro de 1711, com toda pompa e circunstância, na famosa capela do castelo de Windsor.

Em maio de 1711, receberam a resposta à carta escrita aos "alemães." Foi a seguinte:

> *Querida família,*
>
> *Estamos morrendo de saudades de todos. A vida por aqui é extremamente agradável, pois nossos vizinhos têm os mesmos costumes que nós, sendo extremamente afáveis e honestos, parece até que frequentaram a nossa querida Royal School. Os nossos filhos tiveram um sucesso fantástico na última apresentação em Wiesbaden, onde esteve presente Joseph I, imperador do Sacro Império Romano-Germânico*[2]*, um grande entusiasta da música. Pouco depois, o imperador faleceu devido a uma epidemia de varíola.*
>
> *Quanto à pergunta sobre a nossa clínica, ela está em nome da família Vivone, portanto não há necessidade de se preocuparem com a questão da propriedade. Aliás, a nossa especialidade em pediatria preencheu um nicho aqui em*

2 Imperador Joseph I (1678–1711)

Wiesbaden, pois só havia um pediatra bem velho, que acabou falecendo, e nós conseguimos conquistar a clientela dele, então estamos felizes. A ideia de vocês irem para Portugal e para Amsterdam é excelente, infelizmente não podemos acompanhá-los. Quanto ao casamento do nosso sobrinho Christopher, estamos muito contentes pelo casal e pedimos para dar-lhes os nossos parabéns.

Gostaríamos muito de contar um pouco mais do imperador Joseph I, que esteve presente na apresentação de Dirk e Otto. Ele nasceu em Viena, Áustria, e reinou entre 1705 e 1711, quando faleceu. Foi nomeado rei da Hungria com a idade de 9 anos e, em 1690, com 11 anos, nomeado rei dos romanos. Joseph continuou a Guerra da Sucessão Espanhola, iniciada pelo seu pai contra Luís XIV da França, numa tentativa frustrada de nomear o seu irmão mais moço rei da Espanha. O nome dele era Carlos, posteriormente Carlos VI, imperador do Sacro Império Romano-Germânico.

Confidencialmente, informo que o imperador, devido à sua paixão por outras mulheres, não se incomodava de trair a esposa, Wilhelmine Amalia of Brunswick-Lüneburg, com quem se casou em Viena, em 1699. Dos seus três filhos, o único de sexo masculino faleceu antes de completar um ano, com hidrocefalia. Joseph, devido ao seu gosto por outras mulheres, acabou contraindo sífilis e transmitiu à esposa, tornando-a estéril. Esse comportamento certamente não foi de muito bom gosto.

Beijos a todos.

Com uma procuração dos familiares, Stephen estava apto a seguir para Lisboa, levando sua filha Lilian e a esposa Patrícia.

— Pai, como você sabe, eu estou trabalhando no castelo de Windsor como engenheiro — informou Albert —, pois fui convidado pelo arquiteto Hugh May para auxiliá-lo na modernização dos apartamentos reais, e confesso que estou entusiasmado. Assim, acho que vou ficando na Inglaterra e prometo tratar de todo e qualquer problema que possa ocorrer aqui ou com vocês pelo mundo afora.

Todos chegaram aos respectivos destinos no ano de 1712, e a família ficou separada durante quase oito anos, até 1720. Burt só conseguiu resolver o problema em Amsterdam depois de muita luta com os vários órgãos da prefeitura, tendo falecido em 1715. Sua esposa, Simone, morrera um ano antes, em 1714.

A lua de mel de Christopher foi espetacular, pois o nome Vivone ainda era respeitado na América do Norte. Ele teve garantida a propriedade do hospital fundado por Bruno em 1633. A surpresa foi o nascimento, em Nova York, dos dois filhos de Christopher e Evelyn, em 1716 e 1717, com os nomes de Ryan e Brian, respectivamente. O que de fato surpreendeu Christopher foi a Dutch School of Moral Integrity, fundada por seu avô Bruno, que ainda estava em pleno funcionamento, com alunos holandeses, britânicos, americanos e nativos.

Os dois pediatras, Olga e Sigmund Kessel, faleceram na Alemanha depois de uma pneumonia à qual não conseguiram resistir, apesar dos seus esforços e de sua formação em medicina. Morreram no ano de 1714. Stephen e Patrícia, em Portugal, conseguiram viver ainda até 1720. Durante a sua permanência em Lisboa, resolveram a questão da propriedade da casa. Com a morte dos pais, Lilian ficou sozinha em Lisboa, ocupada com o seu cargo de professora de balé e arte dramática na Universidade de Coimbra.

Apesar de seguir os passos da sua tia-avó Elza, Lilian não conseguiu ser tão famosa como ela devido à idade. No entanto, tornou-se uma notável professora. A sua capacidade de ensinar a arte da dança às alunas e aos alunos foi descoberta durante uma apresentação em 1715, à qual compareceu o rei Dom João V (1689–1750). O rei ficou maravilhado com a performance perfeita das alunas e solicitou a sua presença em Lisboa, no Paço da Ribeira, residência oficial dos reis de Portugal.

A intenção de Dom João V era criar no local espetáculos de dança para os nobres e proporcionar às jovens a oportunidade de aprenderem os passos de balé pelos quais ele se apaixonara. Ao mesmo tempo, pediu a Lilian que iniciasse um curso de teatro para quem tivesse o gosto pela arte. Lilian aceitou imediatamente e conseguiu provocar o entusiasmo das portuguesas, que lotaram suas aulas. Com 46 anos, ela ainda demonstrava uma resistência física invejável e uma didática extraordinária, aprendida durante a sua permanência na Royal School.

Lilian ficou encantada com a história que seu aluno favorito, Alaor Fernandes, contou sobre a origem do Paço da Ribeira e sobre a vida de Dom João V.

Conforme o relato de Alaor, o Paço da Ribeira foi um palácio real e residência oficial dos reis portugueses durante cerca de 250 anos, substituindo o Paço da Alcáçova. Situava-se na Ribeira de Lisboa, numa das margens do rio Tejo. A sua construção teve início em 1498, por determinação de Manuel I, no contexto da descoberta do caminho marítimo para a Índia e do monopólio português do comércio das especiarias do Oriente com a Europa[3].

Quanto ao rei Dom João V nasceu em Lisboa, em 1689, filho de D. Pedro II e de Maria Sofia de Neubourg. Foi aclamado rei em 1707 e se casou em 1708, com Dona Maria Ana de Áustria, nascida em Linz, em 1683. O casal teve seis filhos, sendo que Dom João foi sucedido por um deles, D. José I[4]. Quando Dom João assumiu o reinado, estava em curso a Guerra da Sucessão da Espanha, o que significava um perigo para Portugal, devido à ligação da Espanha com a França, grande potência continental. Entretanto, com a subida ao trono austríaco do imperador Carlos III, pretendente ao trono espanhol, ficou facilitada a paz, assinada em Utrecht, em 1714.

3 https://www.academia.edu/10813928/O_Paço_da_Ribeira_nas_Vésperas_do_Terramoto._Master_dissertation_in_History_of_Art_Universidade_Nova_de_Lisboa_2009.

4 https://www.britannica.com/biography/John-V-king-of-Portugal

Dom João reafirmou então a sua aliança com a Inglaterra e começou a se preocupar com o Brasil, para onde canalizou grande número de emigrantes, ampliou os quadros administrativos, militares e técnicos, reformulou os impostos e ampliou a cultura do açúcar. Apesar disso, Portugal entrou numa fase de dificuldades econômicas, em virtude do contrabando do ouro do Brasil e das dificuldades do império no Oriente.

Culturalmente, o reinado de D. João V tem aspectos muito interessantes. O barroco manifesta-se na arquitetura, mobiliário, talha, azulejo e ourivesaria, com grande riqueza. No campo filosófico surge Luís António Verney, com *O Verdadeiro Método de Estudar* e, no campo literário, António José da Silva. É fundada a Real Academia Portuguesa de História e a ópera italiana é introduzida em Portugal[5].

Uma das suas obras mais importantes foi a construção do Convento de Mafra, também chamado de Palácio Nacional de Mafra, situado a cerca de 30km de Lisboa, composto por um palácio e mosteiro monumentais em estilo barroco, na vertente alemã. Os trabalhos para sua construção começaram em 1717, por iniciativa de D. João V, em virtude de uma promessa que fizera em nome da descendência que viesse a obter da rainha dona Maria Ana de Áustria[6].

— Daria para você descrever um pouco mais o interesse de Dom João pelo Brasil? — perguntou Lilian.

— Claro — continuou Alaor. — Antes, porém, gostaria de salientar a dedicação do rei ao fortalecimento do prestígio internacional de seu país. Ele sempre tentou firmar Portugal como uma potência de primeiro plano, usando para isso as duas linguagens desta época: a das armas e, principalmente no seu caso, a magnificência típica da era

5 http://www.arqnet.pt/portal/portugal/temashistoria/joao5.html

6 http://www.patrimonioculturalgov.pt/pt/museus-e-monumentos/dgpc/m/palacio-nacional-de-mafra/

do Absolutismo[7]. Ganhou por isso o cognome de "Magnânimo", além de ser também conhecido como "Rei Sol Português". Entretanto, um lado negativo refere-se ao seu relacionamento costumeiro com freiras ao longo da sua vida, com as quais teve vários filhos ilegítimos.

"Falemos agora do Brasil. O acontecimento que mais marcou o reinado de D. João V foi a descoberta de ouro numa remota região do interior da colônia, em meados da década de 1690, o que iniciou o famoso 'Ciclo do Ouro'. De fato, grandes quantidades de ouro chegaram a partir de 1699. Imagine a senhora que, na primeira metade do reinado chegavam do Brasil quantidades que alcançavam vinte toneladas de ouro, uma enormidade. Ainda por cima encontraram, em 1720, grandes quantidades de diamantes, aumentando substancialmente a riqueza de Portugal"[8].

Em 1725, Christopher recebeu a notícia do falecimento do seu pai Burt quando seus filhos já tinham, respectivamente, 8 e 9 anos. Como de costume, os Vivone fizeram questão que as crianças aprendessem a língua dos lenape, nativos da região, também chamados delaware. Lamentavelmente, os lenape, como outros povos ficaram enfraquecidos por doenças da Europa como varíola, cólera, influenza e disenteria, além de violentas disputas com europeus e, ocasionalmente, com os iroqueses. No decorrer dos anos 1700, muitos lenapes sobreviventes se mudaram para a parte superior do rio Ohio[9]. Christopher e Evelyn, como médicos, socorreram vários indígenas contaminados com algumas dessas doenças e conquistaram sua amizade. Por esse

[7] **Absolutismo** é um **regime político** em que apenas uma pessoa exerce **poderes absolutos**, amplos poderes, onde só ela manda, geralmente um rei ou uma rainha. Absolutismo foi um período entre os séculos XVI e XVIII, e começou na Europa. Através do absolutismo os monarcas tinham o poder para criar leis sem aprovação da sociedade e de criar impostos e tributos que financiassem seus projetos ou guerras. Muitas vezes, um rei absoluto se envolvia em temas religiosos, chegando até a controlar o clero. Trecho extraído de https://www.significados.com.br/absolutismo/

[8] https://www.britannica.com/biography/John-V-king-of-Portugal

[9] http://delawaretribe.org/blog/2013/06/26/faqs/

motivo, Ryan e Brian puderam conviver com as crianças lenape e ganhar fluência na sua língua.

Maravilhosa notícia chegou às mãos de Lilian, na residência de Lisboa, vinda da Holanda. Tratava-se da certidão da prefeitura, que resolveu desapropriar as casas das duas avós holandesas, Bell e Betsie, efetuando depósitos na conta dos Vivone em Portugal. Graças à viagem feita por Burt e de sua amizade com o Sr. Gerhardt do Departamento de Patrimônio da Municipalidade, a residência de Gisele destruída por um incêndio criminoso foi paga pelo Fundo de Indenizações da Prefeitura de Amsterdam. Mais uma vez, os Vivone foram premiados pela sorte.

15

Em 1730, Christopher estava com 61 anos e continuava na América com sua esposa Evelyn e os filhos, enquanto Lilian, com a mesma idade, ensinava teatro e dança no Paço da Ribeira. O irmão gêmeo de Lilian, Albert, ficou famoso por sua eficiência no palácio de Windsor, como arquiteto auxiliar do mestre Hugh May. Com saudades da família, Albert escreveu cartas a todos os parentes contando as novidades no seu trabalho e relatou o que ocorria no reino da Inglaterra. O principal assunto das suas cartas foi a modificação da dinastia dos Stuart para a de Hanôver, Alemanha. Ele dizia o seguinte:

> *Caros todos,*
>
> *Inicialmente gostaria de contar as novidades. Informo que continuo trabalhando no palácio de Windsor com grande entusiasmo e acho que descobri tudo aquilo que sempre desejei, num ambiente maravilhoso em termos profissionais e pessoais. Com relação ao reinado, aqui só não sabe das coisas que ocorrem quem não quer. As notícias se espalham e nós gostamos de acompanhá-las atentamente. O curioso do nosso rei George I é que o homem não fala inglês, ora vejam só!! Vocês perguntarão como um monarca inglês não fala a língua do país? Então vou explicar.*

George[1] nasceu na Alemanha, na cidade de Hanôver, filho mais velho de Ernst August, duque de Brunswick-Lüneburg, um príncipe alemão, e de sua esposa Sophia. Foi duque de Brunswick-Lüneburg desde 1698 e rei da Grã-Bretanha e da Irlanda desde 1714 até sua morte em 1727. Foi também príncipe-eleitor do Sacro Império Romano. O fato de não falar inglês desapontou os ingleses, sendo por eles ridicularizado.

Na verdade, George I só se destacou ao dirigir a política externa britânica durante seus primeiros anos. Em 1717, contribuiu para a criação da Tríplice Aliança, uma liga anti-espanhola composta pela Inglaterra, França e Províncias Unidas dos Países Baixos. Em 1718, o Sacro Império Romano entrou também como participante, tornando-se a Quádrupla Aliança durante o Congresso de Verona[2].

Vocês poderiam perguntar o que tem a Espanha com George I. Tudo surgiu com a morte, em 1700, do rei Carlos II da Espanha[3], que não deixou filhos. Assim, foi declarado herdeiro do trono Filipe V[4], pelo fato de ser neto da meia--irmã de Carlos II, Maria Teresa, a primeira esposa de Luís XIV da França. À época, pelo Tratado de Utrecht[5], Felipe V conquistou o direito de subir ao trono espanhol, desde que desistisse do direito de suceder ao trono francês. Entretanto, com a morte de Luís XIV, ele tentou se apossar da coroa da França, mas não conseguiu, pois seus exércitos não estavam suficientemente preparados. Dessa forma, a integridade do território francês foi preservada e a Inglaterra recebeu importantes bases marítimas (Gibraltar, Minorca, Terra Nova ou "Newfoundland", e Acádia), obtendo o direito de abaste-

1 George I (1660–1727)

2 https://www.britannica.com/event/Congress-of-Verona

3 Rei Carlos II da Espanha (1661–1700)

4 Rei Filipe V (1683–1746)

5 https://www.britannica.com/topic/treaties-of-Utrecht

cer as colônias da América Espanhola com negros escravizados. A Inglaterra ganhou da França, além da Terra Nova, a baía de Hudson e St. Kitts, assim como o reconhecimento da sucessão hanoveriana (da dinastia de Hanôver). Por outro lado, o sul dos Países Baixos, Milão, Nápoles e Sardenha passaram para a Áustria.

A França restituiu conquistas recentes, mas manteve tudo o que fora conseguido na Paz de Nijmegen, em 1679, além da cidade de Estrasburgo. O duque de Saboia[6], nascido em Turim, na Itália, ganhou a Sicília e aumentou as fronteiras do norte da Itália. Ele se tornou o quinto aliado da Quádrupla Aliança. Os holandeses asseguraram, junto ao governo austríaco, o direito de guarnecerem fortalezas no sul dos Países Baixos. A dominação francesa encontrava-se em situação difícil, mas a França ainda era uma grande potência. A Inglaterra obteve conquistas navais, comerciais e coloniais significativas, assumindo posteriormente um papel preponderante no que diz respeito às questões de ordem mundial. Tudo isso ocorreu durante o reinado de George I.

Em 1719, aconteceu mais um capítulo interessante de seu reinado. Foi o que se chamou de "A Bolha da Mares do Sul". Mares do Sul era uma empresa britânica que se propôs a trocar bônus da dívida nacional britânica para receber os direitos do comércio com a América do Sul. Na época, era muito difícil trocar os bônus do governo por causa de restrições irreais, como por exemplo: não era permitido resgatar certos bônus enquanto o devedor original ainda estivesse vivo. Cada bônus representava uma grande quantia que não podia ser dividida e vendida. Por essa razão, a Companhia dos Mares do Sul procurou converter £30.981.712 dos altos bônus impossíveis de comercializar, por bônus inferiores mais fáceis de serem aceitos. A Companhia subornou ministros e o

6 Duque de Saboia (1666–1732)

valor da firma subiu rapidamente. As ações que custavam £128, em janeiro de 1720, foram avaliadas em £550 quando o Parlamento aceitou o esquema em maio. O preço subiu para £1.000 em agosto. A especulação, no entanto, fez com que as ações caíssem para £150 no final de setembro, deixando muitas pessoas completamente arruinadas. Essa foi uma das crises mais devastadoras da história do capitalismo.

Como consequência desse episódio, George I e seus ministros se tornaram extremamente impopulares. Um dos ministros responsáveis faleceu e o outro se demitiu em 1721, abrindo caminho para o crescimento de Sir Robert Walpole, que se tornou o primeiro-ministro (o mais importante), embora o título primeiro-ministro não fosse formalmente usado para designá-lo. Walpole fortaleceu sua influência na Câmara dos Comuns por meio de suborno. E ele foi extremamente poderoso. Era ele, e não o rei, quem de fato controlava o governo. Podia escolher e dispensar todos os ministros, e o rei apenas colocava o selo em suas decisões. George I nem sequer participava das reuniões do gabinete. Apenas exercia alguma influência na política externa britânica[7].

George, embora cada vez mais dependente de Sir Robert Walpole, podia, mesmo assim, demitir seus ministros se quisesse. Na verdade, Walpole tinha medo de ser por ele demitido no final do reinado. George I faleceu de um derrame em Osnabrück, em 11 de junho de 1727, sendo sepultado na capela Schloss Herrenhausen, em Hanôver.

Além das restrições que os ingleses faziam a George I por não ser capaz de falar inglês, o tratamento que ele dava à sua esposa Sophia também não era nem um pouco apreciado. Os britânicos o achavam muito alemão e desprezavam a sucessão de amantes alemãs que ele tinha.

7 https://www.britannica.com/biography/George-I-king-of-Great-Britain

Bem, vocês já devem estar cansados de ouvir tanta história. Fico feliz em poder entrar em contato com vocês e aguardo notícias.

Christopher e Evelyn receberam a carta de Albert em 1735. Contaram em sua resposta que a vida em Nova York havia mudado expressivamente. Desde 1730, cerca de três quartos dos holandeses ainda preferiam se casar entre os seus conterrâneos, mas já havia muitos casamentos entre diferentes etnias. Bons costumes foram surgindo entre os habitantes, estimulados após a fundação da cidade, como a liberdade religiosa e a instituição da liberdade de imprensa, conseguida em 1735, depois do famoso julgamento de John Peter Zenger, editor do *New York Weekly Journal*, que havia criticado o recém-nomeado governador colonial William Cosby. Após permanecer preso por mais de oito meses, Zenger foi a julgamento por difamação e inocentado, um ato que foi considerado como o início da liberdade de imprensa. Outro acontecimento alvissareiro ocorreu com os judeus sefarditas que haviam sido expulsos do Brasil depois da vitória dos portugueses sobre os holandeses. Eles passaram a ser bem-vindos à cidade, e o governador, reconhecendo o seu valor, eximiu-os do pagamento de impostos[8].

Christopher ainda mencionou o progresso conseguido junto aos lenape, cuja saúde melhorou consideravelmente devido à sua intervenção com Evelyn. Relatou que os filhos Ryan e Brian, que haviam nascido em 1716 e 1717, respectivamente, já conseguiram se entrosar com os lenape e falavam a sua língua correntemente. Além disso, Christopher estava planejando uma viagem para o interior da América. A aventura seria um prêmio para os filhos, que se destacaram na Dutch School of Moral Integrity. A vantagem dos rapazes em relação aos outros alunos era o seu conhecimento da língua dos lenape, o munsee, e da língua dos caetés, o tupi, que continuava sendo falada pela família já há muito tempo.

8 https://www.britannica.com/place/New-York-City

O projeto proposto por Christopher compreendia uma viagem saindo de Nova York em direção ao oeste, visando explorar novas terras onde possivelmente poderiam se estabelecer, caso encontrassem locais favoráveis para a criação de um novo vilarejo. Tratava-se de chegar até o rio Delaware e continuar navegando até alcançar o mar pela baía de mesmo nome. Como não tinham tanta experiência como os nativos em se locomover pelas matas e pelos rios, convidaram alguns lenape para acompanhá-los na expedição. Os vários indígenas amigos de Ryan e Brian, colegas da Royal School, se entusiasmaram com a expedição e obtiveram licença dos seus pais para acompanhar os Vivone.

A partida foi em 1740, quando os dois rapazes tinham 23 e 24 anos de idade, Christopher com 71, mas com excelente saúde, e Evelyn com 60. Os três lenape chamavam-se Cayuga, Hopi e Kainah. Eram todos fortes e moços, da idade de Ryan e Brian, e tinham grande amizade pelos Vivone. Batizaram Brian de Bri, Ryan de Ri e chamaram Christopher de Kiowa e Evelyn de Lakota. Como já foi mencionado anteriormente, os lenape também eram chamados de delaware. O nome foi originário do primeiro governador do estado da Virgínia, Thomas West, terceiro barão De La Warr, um nome derivado do francês. A partir daí os ingleses adotaram o nome de delaware para os lenape.

Os três indígenas construíram dois botes de bom tamanho para transportar os sete viajantes da expedição. Embarcaram com todos os equipamentos necessários para sobreviver na selva, pois o plano demandava desembarques diários para o descanso durante as noites. Considerando que o comprimento do rio Delaware é de cerca de 550km, a empreitada poderia durar trinta dias a uma velocidade de 20km por dia rio abaixo. Uma das fontes de sustento dos participantes eram os peixes, abundantes na região e obtidos graças à experiência de Cayuga, considerado um dos melhores pescadores de seu povo.

Na terceira noite, ao montarem acampamento, foram surpreendidos por um grupo de cerca de vinte iroqueses que haviam seguido os viajantes por terra. Falavam uma língua diferente dos lenape, para os quais eram considerados estrangeiros. A animosidade entre os dois povos existia há muitas gerações e se tornaram inimigos tradicionais, pois ambos queriam provar sua coragem por meio de ataques às aldeias inimigas. Ainda assim, comerciavam entre si e nem sempre se dedicavam a atos de guerra. Houve, inclusive, casamentos entre grupos e era comum receber e aceitar um inimigo derrotado e acolhê-lo como membro de sua aldeia[9].

Sem qualquer forma de reação possível, tanto os Vivone como os três lenape se renderam e aguardaram os acontecimentos seguintes. Cientes do seu total domínio, os iroqueses não aparentavam qualquer espécie de raiva nem demonstravam intenção de trucidar os sete viajantes. Cayuga falava um pouco a língua iroquesa e tentou se comunicar com quem parecia ser o chefe do grupo. Conseguiu descobrir o que queriam.

— Eles querem as peles que acham que temos — disse Cayuga. — Disseram que estão há três dias nos acompanhando e querem tudo o que escondemos para vender aos franceses. Eu tentei argumentar que não estamos aqui para caçar, apenas para chegar ao litoral pela foz do rio. Eu penso que não consegui convencê-los.

— E agora? — perguntou Brian, em munsee.

Aparentemente, os iroqueses entenderam a pergunta, pois a convivência com os lenape permitiu compreender sua língua. Em seguida, o chefe da tribo se dirigiu a Brian e começou a gesticular e gritar exigindo as peles. Nesse momento, Ryan, mais calmo, fez menção de convidar o chefe para revistar as duas canoas o que parece ter dado resultado. De fato, vários iroqueses começaram a vasculhar as canoas atrás de peles e de outras mercadorias, mas só encontraram alguns peixes do dia anterior, biscoitos e pão. Seu desapontamento foi evidente.

9 https://www.britannica.com/topic/Delaware-people

— Então vocês vão caçar conosco, pois eu sei que vocês conhecem os melhores lugares dos castores neste rio — bradou o chefe.

— Mas nós temos que seguir viagem — alegou Cayuga.

— Vocês vão conosco, ou vamos tirar os seus escalpos — gritou o chefe.

Enquanto isso, Christopher ficou observando os iroqueses com olhos de médico e sentiu que haveria uma chance de escapar dessa tarefa, que só iria atrasar os seus planos. Notou que alguns deles apresentavam manchas azuladas na pele que se assemelhavam aos bubões característicos da peste bubônica. Desconfiou que poderiam ter sido infectados por pulgas que habitam a pele de ratos pretos, e que transmitem sintomas como febre alta, calafrios, dores musculares, inchaço das glândulas linfáticas com dores nas axilas, virilhas e na região das mordidas das pulgas, e alteração da cor da pele para um tom rosado. Normalmente a peste pode ser transmitida também por esquilos, coelhos e marmotas, abundantes na região. Imediatamente, Christopher se dirigiu ao chefe mostrando-lhe o que percebeu em pelo menos cinco deles. Apontou para as manchas e fez um sinal de grande preocupação.

Ao mesmo tempo, em inglês, pediu a toda a família para se afastar o máximo possível para evitar que pudessem ser contaminados, e pediu para o chefe tocar na testa dos doentes para sentir a sua temperatura. O susto foi enorme, pois a febre deles estava certamente acima de quarenta graus. Pediu ainda que o chefe ordenasse que levantassem os braços e que verificasse se havia inchaço nas axilas. Ficou evidente que o caso era sério.

— O que devo fazer? — perguntou aflito o chefe do grupo.

Felizmente, Christopher também falava razoavelmente o lenape e tentou mostrar a importância de isolar os cinco doentes, pois não havia esperança de sobrevivência para eles, mas que os demais talvez pudessem ser salvos isolando-se totalmente dos outros. O chefe disse que não sabia por que os cinco se queixavam de dores intensas e, no início, achava que estariam com preguiça de se juntar ao grupo para seguir os viajantes. Parece que os iroqueses começaram a acreditar na sabedoria de Christopher e de como poderiam preservar a saúde da aldeia.

— Inicialmente vocês teriam que fazer uma limpeza nas suas choças, para identificar focos de pulgas, isolando os cachorros e eliminando os ratos pretos que devem estar infestando o local. O ideal seria colocar fogo nas barracas, o que mataria as pulgas existentes, mas isso poderia causar certa revolta nas pessoas que talvez não entendam o motivo dessa providência. De qualquer forma, é fundamental isolar os doentes e evitar qualquer contato com os demais, especialmente se tiverem manchas no corpo. Tentem limpar lixo acumulado, pois é um foco de insetos e pulgas — aconselhou Christopher. — Voltem imediatamente para a sua aldeia e não se esqueçam do que lhes falei. Não posso ajudar mais do que dar esses conselhos — finalizou.

Desesperados, os iroqueses aparentemente compreenderam a gravidade da situação, acabaram agradecendo os avisos do médico e partiram para a sua região.

Os Vivone, impressionados pelo episódio, seguiram na manhã seguinte, torcendo para a moléstia não os atingir. Os maravilhosos peixes que Cayuga pescou foram a alegria da família, pois celebraram a partida dos iroqueses com um verdadeiro banquete. Em mais oito dias chegaram à foz do rio Delaware.

No local, encontraram o chefe lenape Tishcohan com um grupo de indígenas. Eles estavam discutindo o famoso "Walking Purchase"[10], uma trapaça feita em 25 de agosto de 1737 pelas autoridades da Pennsylvania com os delaware, que eram considerados amigos de William Penn, quando fundou a colônia no século anterior. Essas autoridades alegavam ter encontrado um tratado perdido de 1686, que lhes cedia uma enorme gleba de terra dos delaware (lenape), situada na bifurcação dos rios Delaware e Lehigh, e que se estendia por um trecho correspondente à distância máxima que um homem

10 https://www.jstor.org/stable/20084604?seq=2#page_scan_tab_contents

seria capaz de andar em um dia e meio[11]. Thomas Penn (1702–1775), filho de William Penn, então contratou os três homens mais rápidos da colônia e ofereceu quinhentas libras a cada um. Eles percorreram algo em torno de 40 milhas ou 64km, e os nativos acabaram assinando o acordo que englobava cerca de um milhão de acres, correspondente a aproximadamente 40 mil km². Os indígenas, ao perceberem a fraude, chegaram a reclamar ao rei da Inglaterra, sem resultado. Em consequência, foram se afastando para o oeste, em virtude do tratado assinado[12].

11 https://www.britannica.com/event/Walking-Purchase

12 https://www.britannica.com/event/Walking-Purchase

16

O chefe Tishcohan conhecia Cayuga, Hopi e Kainah, bem como a família de Christopher, principalmente Ryan e Brian, que quando pequenos brincavam com as crianças da aldeia. Como Christopher havia atendido frequentemente os lenape doentes, os chefes o respeitavam, o que o tornou praticamente um membro do povo. Depois dos normais cumprimentos, Tishcohan contou o quanto estava aborrecido com a falcatrua perpetrada pelos Penn e que estava querendo achar uma forma de esquecê-la completamente. Para isso, pensou que seria ideal voltar ao que fazia antes: vender peles de castor para os estrangeiros.

— Como eu não entendo muito bem a língua deles, eles se aproveitam disso para me enganar. Por isso preciso de alguém como vocês, para comercializar as peles e tratar com os compradores. Vocês não estariam interessados em entrar num negócio comigo? — perguntou Tishcohan. — Aqui na foz do Delaware chegam navios ingleses, holandeses, espanhóis, portugueses e franceses e eles sabem que nós temos as peles.

— Chefe Tishcohan, seria uma honra ter um negócio consigo, mas eu já estou com a idade muito avançada para iniciar um negócio desse tipo e, além disso, sou médico e prefiro continuar no meu ramo. Mas quem sabe os meus filhos Ryan e Brian possam se interessar. Eles falam as línguas estrangeiras e podem ser de grande utilidade para esse tipo de comércio. Você poderia vender as peles para nós e nós as revenderíamos aos estrangeiros — falou Christopher.

Nesse momento Ryan entrou na conversa, disse estar muito interessado em um acordo dessa natureza e achava que Brian, Cayuga, Hopi e Kainah poderiam se juntar ao grupo, se o chefe permitisse.

— A minha confiança na família Vivone é absoluta porque os considero como se fossem lenape. Cayuga, Hopi e Kainah são do meu povo, além de caçadores exímios. Portanto, estejam à vontade para iniciar uma sociedade com esse propósito — disse Tishcohan animado. — Eu tenho um local situado perto do ancoradouro dos navios que chegam do exterior, que pode ser transformado em depósito das peles e facilitará o embarque.

— Se todos quiserem ficar aqui na foz do Delaware para exportar peles eu gostaria de participar com os meus filhos e com os jovens amigos, e tentarei ajudar no que eu puder — afirmou Evelyn. — Posso até cuidar do depósito de peles e fazer a contabilidade das vendas.

Assim nasceu mais uma sociedade dos Vivone, dessa vez com nativos da região, e foi batizada "The First Indian-American Export Company of Delaware". Tishcohan voltou para a aldeia deixando os sete sócios trabalhando vigorosamente para iniciar o comércio de peles de castor. Em pouco mais de seis meses, a empresa estava em pleno funcionamento, com uma razoável quantidade de peles obtidas pelos três lenape e pelas compras de outros caçadores da região. Eram ao todo 120 peles de castor, já curtidas e estocadas. Nessa ocasião aportou um navio português no delta do Delaware.

Foi grande a surpresa dos novos empresários em 1743, quando atracou o navio português "Reino dos Andradas". Tratava-se de uma das viagens da empresa portuguesa que havia sido amiga da família Vivone por tantos anos, a Empresa Franco-Portuguesa de Comércio Internacional. Desconfiados em seu primeiro contato com Brian e Ryan, logo ficaram entusiasmados quando souberam que a empresa pertencia em parte à família Vivone.

A chegada do navio alertou os iroqueses, que já haviam percebido o perigo que representava para eles o crescimento da "The First

Indian-American Export Company of Delaware" da família Vivone e dos lenape. Não tardou para que um ataque violento fosse deflagrado por mais de cem iroqueses ao depósito da empresa. A família Vivone não teve condições de reagir contra a invasão e foi obrigada a entregar todas as peles que se encontravam no depósito. Comandados pelo chefe Atok-ima, Christopher e Evelyn foram barbaramente assassinados num momento em que Ryan e Brian se encontravam mais ao norte, procurando peles para os portugueses. Desesperados com o ataque dos nativos, os empresários da Empresa Franco-Portuguesa conseguiram fugir em seus barcos e alcançaram o navio fundeado na baía.

Satisfeitos com o massacre, os iroqueses voltaram para as suas aldeias levando ainda Cayuga, Hopi e Kainah como prisioneiros. Ryan e Brian chegaram carregados de peles, graças aos excelentes contatos feitos com fornecedores, e ficaram apavorados com o assassinato dos seus pais. Não havia mais qualquer viva alma no local, destruído pelo incêndio provocado pelos invasores.

Ryan e Brian tiveram que providenciar o enterro dos pais sem qualquer ajuda, depois voltaram imediatamente à aldeia de Tishcohan para comunicar o covarde ataque dos iroqueses e informar o desaparecimento dos três amigos lenape. Levaram consigo as cinquenta peles compradas na última semana antes do massacre.

— Inicialmente quero dizer que sinto no meu coração uma imensa tristeza com o falecimento dos seus pais, barbaramente assassinados por esses covardes — disse Tishcohan. — Peço para vocês ficarem conosco, pois sei que não há forma de permanecer num local todo destruído. Gostaria que vocês comparecessem às reuniões do conselho para deliberar sobre o que devemos fazer em seguida. Deixem as peles aqui na aldeia para podermos vendê-las e entregar o dinheiro a vocês. O principal agora é encontrar Cayuga, Hopi e Kainah, e resgatá-los dos iroqueses. Vou necessitar da participação de vocês para achá-los.

— Estamos ansiosos para salvar os nossos amigos — afirmou Ryan.

Com mais três lenape, os dois irmãos seguiram rio acima para encontrar os sequestrados. As aldeias iroquesas ficavam afastadas da margem, o que tornava perigosa uma invasão noturna por inimigos. Tal localização dificultava muito se aproximar dos seus vilarejos. O plano, portanto, seria uma expedição por terra, a pelo menos 1km das praias formadas na época do inverno, quando a profundidade do rio se reduzia consideravelmente por falta de chuvas.

Um dos indígenas que tentariam localizar e libertar Cayuga, Hopi e Kainah falava perfeitamente a língua iroquesa, pois era descendente de pai iroquês e de mãe lenape, algo comum entre os dois povos. O seu nome era Kange, e foi destacado para procurar de aldeia em aldeia enquanto os outros quatro apenas observavam de longe, aguardando alguma notícia sobre os sequestrados. Assim que fossem localizados, seria traçada uma estratégia para libertá-los.

A expedição dos lenape e dos dois Vivone durou muito pouco, pois Kange localizou a aldeia onde estavam presos os três amigos. Tratava-se de um local abandonado pelos iroqueses, deixando os três lenape presos numa espécie de gaiola com madeiras trançadas, sem água ou alimentos. Quando os Vivone e os lenape chegaram, encontraram os prisioneiros amarrados e deitados no chão, já sem forças. A surpresa foi maior ainda ao descobrirem que havia outra barraca, a uns 100m de distância, que poderia ter mais prisioneiros.

Imediatamente providenciaram água e comida para os lenape. Depois de recuperados, contaram que os iroqueses os deixaram presos para morrer, e que seria impossível escaparem do local amarrados. Os iroqueses avisaram que voltariam para a aldeia principal, onde reuniriam grande número de guerreiros para destruir a empresa organizada pelos Vivone.

Brian e Ryan se aproximaram cuidadosamente da outra barraca que, curiosamente, estava aberta. Ao entrarem, depararam-se com duas indígenas que logo reconheceram como sendo do povo lenape. Felizes por verem os dois Vivone, elas contaram que os iroqueses as capturaram há alguns dias, por ocasião de uma caçada de peles de castor em que estavam com os irmãos. Estes conseguiram se esconder na mata, mas não ousaram voltar para libertá-las. Ryan descobriu que elas eram filhas do chefe Tishcohan, e notou que eram extremamente lindas, com idades em torno de 20 a 22 anos. Como os Vivone falavam correntemente a língua munsee, não tiveram qualquer problema em se comunicar com elas.

— Os nossos pais foram assassinados e roubados pelos iroqueses há poucos dias, levando todas as peles que seriam vendidas e embarcadas num navio português, que chegou à foz do rio Delaware — contou Ryan para as jovens. — Felizmente não acharam o ouro que nós trouxemos de Portugal, pertencente à nossa família. Estamos achando melhor voltar para Nova York e posteriormente embarcar para a Europa.

— Eu me lembro de vocês quando eram mais moços e brincavam com as crianças da nossa aldeia — disse a que aparentava ser mais velha. — Eu sei que vocês são filhos de um médico e uma médica que tratou de alguns de nós quando surgiu uma epidemia de peste entre os iroqueses, que também afetou alguns dos nossos familiares. O médico era muito querido e nós recebíamos presentes da sua esposa, que se chamava Elvin.

— De fato eu me lembro de vocês quando éramos mais moços, e foi em sua aldeia que aprendemos sua língua. A nossa mãe chamava-se Evelyn, mas o seu apelido era de fato Elvin, é incrível vocês se lembrarem — surpreendeu-se Ryan.

— Bem, felizmente Cayuga, Hopi e Kainah já estão recuperados, de forma que podemos seguir viagem para Nova York, se todos estiverem de acordo — disse Brian. — Devemos agradecer ao Kange por ter achado tão rapidamente a prisão dos nossos amigos. Agora somos dez ao todo, os três prisioneiros libertados, Kange e seus dois companheiros, as duas mulheres e nós dois, de forma que nos tornamos mais fortes para enfrentar possíveis ataques.

Durante a viagem de volta, Brian e Ryan não saíam de perto das indígenas, cujos nomes eram Onatah, nascida em 1721, e Sayen, nascida em 1723. Aparentemente, elas correspondiam plenamente às atenções dos dois irmãos e conversavam sem parar, enquanto os outros viajantes riam, percebendo a atração entre os dois pares, Ryan com Sayen e Brian com Onatah.

— Brian, acho que estou me apaixonando pela Onatah — segredou Ryan a seu irmão em inglês, pensando que as indígenas não entenderiam o idioma.

Qual não foi a surpresa dos dois quando Onatah, num inglês perfeito, retrucou rindo:

— Não precisam falar outra língua, pois nós entendemos o que vocês falaram. Vou contar um segredo — brincou Onatah. — Nós frequentamos uma escola em Nova Amsterdam chamada Dutch School of Moral Integrity, onde aprendemos também o francês e um pouco de italiano. A escola foi fundada por um bisavô de vocês, de nome Charlie. Eu sei que vocês são os dois irmãos Vivone e agora me lembrei que também frequentaram a mesma escola.

— Mas que vergonha estou sentindo! Agora você descobriu o meu segredo e não posso mais negar que estou gostando muito de você — balbuciou Brian.

A risada foi geral, pois os outros indígenas também entenderam a conversa, por terem sido alunos da mesma escola.

A volta para Nova York foi tranquila e alegre, sem qualquer ataque por parte dos iroqueses. As cinquenta peles que os irmãos trouxeram foram entregues a Tishcohan, que recebeu os viajantes efusivamente, elogiando a coragem de todos pelo resgate das suas filhas e dos três sequestrados.

Apesar do plano de voltar para a Europa, os dois irmãos decidiram permanecer junto com os lenape até 1747. Logo após a chegada, Brian e Ryan ficaram definitivamente ligados às duas indígenas, com as quais se casaram em 1744, na Dutch School of Moral Integrity, na presença de seu povo, do chefe Tishcohan e do prefeito de Nova York, Stephen Bayard. Em 1745 e 1746, nasceram quatro filhos. Ryan e Brian pediram ao cacique que ele permitisse batizar um de seus filhos com nome tupi e outro com nome lenape, que seria escolhido pelo conselho sob a presidência de Tishcohan. Os nomes escolhidos para os filhos de Ryan e Onatah foram Raini (significando "Deus que criou o mundo" em tupi-guarani), nascido em 1745, e Talli (significando "Quem liderou a tribo após a inundação" em lenape)[1], nascido em 1746. Os nomes escolhidos para os filhos de Brian e Sayen foram Tuxaua (significando "cacique" em tupi-guarani)[2], nascido em 1745, e Temanen[3], significando o "afável" em lenape, nascido em 1746.

Tristes notícias chegaram à casa dos Vivone em Nova York, por carta recebida de Alaor Fernandes, o melhor aluno de Lilian, em Lisboa. Alaor comunicava o falecimento da sua professora, em 1742, por intoxicação alimentar seríssima. Ela lutou por três dias, mas não conseguiu resistir. Lilian foi homenageada com uma placa no Paço da Ribeira por D. João V, salientando sua atuação como a maior professora de balé de Portugal. Alaor também informou que recebera notícias da Inglaterra comunicando que Albert, gêmeo de Lílian, havia tido um grave acidente numa de suas obras no castelo de Windsor, vindo a falecer um ano antes de Lilian. Seu corpo foi enterrado junto com a nobreza do castelo, por ordem do rei George I.

Quanto aos tios de Ryan e Brian, Otto e Dirk, o silêncio era total. Nada que pudesse servir de indício sobre o seu paradeiro. A última notícia que Christopher recebera enquanto ainda estava vivo foi que os irmãos Vivone Kessel continuavam a dar concertos em teatros europeus e que ficaram famosos como artistas. Mas era só.

Apesar da tentação de permanecer entre os lenape, os irmãos acharam que estava na hora de voltar à Europa levando as esposas, que já falavam as línguas aprendidas na Dutch School, com exceção do português. Seria, portanto, uma excelente oportunidade de aprenderem mais uma língua e conhecerem os costumes europeus. Em seguida, acharam oportuno chegar à Inglaterra, onde a família viveu por tantos anos. A ideia foi entusiasticamente aprovada por Onatah

1 http://www.top-100-baby-names-search.com/native-american-names-for-boys.html

2 https://www.dicionariotupiguarani.com.br/dicionario/tuxaua/

3 https://www.jstor.org/stable/1004837?seq=4#page_scan_tab_contents

e Sayen. Muito previdentes, os irmãos tinham guardado a escritura da propriedade de Lisboa deixada por Cauã, bisavô de Christopher. Durante a viagem, Brian contou às esposas como seria a permanência em Lisboa e descreveu a casa onde iriam morar. Ele queria mostrar como funciona a sociedade em Portugal, seus costumes, quem era o rei de Portugal, enfim, o necessário para elas se ambientarem nesse novo território, tão diferente de Nova York.

— Bem, vou contar a vocês como a nossa família conheceu Portugal e sua gente — começou Brian. — Há muito tempo os nossos antepassados tinham um vinhedo numa cidade francesa chamada Marseille, onde produziam um dos melhores vinhos do mundo. Eles exportavam esses vinhos para a Inglaterra e para Portugal, onde os meus antepassados compraram uma casa na cidade de Lisboa, capital do país. Na França, os Vivone conheceram uma firma portuguesa chamada Empresa Franco-Portuguesa de Comércio Internacional, que acabou sendo a principal exportadora dos nossos vinhos. Por isso, ficaram muito amigos da família e, não sei se vocês se lembram, quando estivemos na foz do rio Delaware, eles atracaram na baía e queriam comprar as nossas peles. Eles se recordaram do nome Vivone e ficaram felizes em fazer negócios conosco. Lamentavelmente, presenciaram a invasão dos iroqueses que nos roubaram todas as peles e mataram os nossos pais, e acabaram fugindo apavorados. Mais tarde ainda vou contar um pouco mais sobre os nossos amigos portugueses e sobre a nossa história na Inglaterra, outro país que vocês vão conhecer.

— Mas que história fascinante — disse Onatah. — Gostaria de saber muito mais sobre essa família maravilhosa. Será que você vai se lembrar de tanta coisa do passado?

— Acho que sim, pois os nossos pais nos contaram as diversas aventuras dos nossos antepassados — aparteou Ryan. — Tenho certeza de que vocês vão gostar.

— Vou contar um pouco sobre o rei Dom João V, que ainda está no poder. Mas antes tenho que contar o que aconteceu com a nossa tia Lilian. Ela era uma bailarina formada numa universidade inglesa chamada Oxford, onde ficou famosa. Ela conseguiu ser escolhida para dançar no Royal Balé da Inglaterra. Depois, já com mais idade, ela foi para Portugal com o seu pai, Stephen, e foi convidada pelo rei Dom João V para ser professora de balé no palácio onde ele mora, chamado Paço da Ribeira. Infelizmente, ela faleceu em 1742, de uma intoxicação alimentar, mas foi enterrada no Paço da Ribeira, onde existe uma placa em homenagem a essa grande professora e excelente bailarina. Por esse motivo, a família Vivone tem um bom relacionamento com a corte do rei Dom João V.

Torna-se importante agora atualizar a árvore genealógica da família Vivone que vai apresentada a seguir:

ÁRVORE GENEALÓGICA ATUALIZADA DA **FAMÍLIA VIVONE** NO ANO DE 1750

- Piatã (1531–1612) e Sílvia Taylor (1544–1624)
  - Elza (1578–1654) e Juan Carlos (1575–1654)
- Ybyajara (1531–1612) e Trudy Watson (1542–1624)
  - Charlie (1580–1655) e Bell Peters (1605–1685)
    - Stephen (1636–1720) e Patricia Osborne (1636–1720)
    - Lilian (1669–1742)
    - Albert (1669–1741)
- Cauã (1531–1612) e Sherry Paulson (1542–1624)
  - Bruno (1578–1654) e Betsie Jansen (1605–1686)
    - Burt (1636–1715) e Simone Beaumont (1635–1714)
      - Christopher (1669–1743) e Evelyn Wellington (1680–1743)
        - Ryan (1716–) e Sayen (1723–)
          - Raini (1745–)
          - Talli (1746–)
        - Brian (1717–) e Onatah (1721–)

Tuxaua (1745–)

Temanen (1746–)

Teodoro (1531–1612) e Elizabeth Evans (1543–1624)

Alex (1581–1653) e Gisele van Eyck (1605–1686)

Olga (1636–1714) e Sigmund Kessel (1634–1714)

Otto Vivone Kessel (1669–)

Dirk Vivone Kessel (1670–)

■

17

Em 1750, as crianças dos Vivone e das lenape já tinham 4 e 5 anos. Foi uma aventura para eles, a viagem de navio para Lisboa. Já as indígenas, deslumbradas e felizes, aguardavam ardentemente a chegada a Portugal e a surpresa de conhecer uma casa como a descrita por Brian.

Ao chegarem à casa, verificaram que ela havia sido assaltada, não restando absolutamente nada dos móveis, cortinas, instalações sanitárias, paredes destroçadas, enfim, se encontrava em estado de calamidade. Para verificar se alguém havia tomado conhecimento do assalto, encaminharam-se à polícia de Lisboa para obter as informações necessárias. Lá chegando, após as identificações de praxe e da imprescindível apresentação da escritura em nome dos Vivone, os oficiais da polícia consultaram os seus registros, procurando verificar as datas da invasão da propriedade.

— Os senhores foram extremamente negligentes e descuidados com a sua residência — declarou o policial encarregado desses crimes. — Felizmente, quem perpetrou esse crime não se apossou do imóvel, o que seria ainda muito pior, pois demandaria uma longa jornada na justiça. Verifiquei que o assalto foi realizado há quase três anos e ninguém até agora veio a este escritório para comunicar o que quer que se relacionasse com o assunto. Lamentavelmente, nada podemos fazer para que os senhores se sintam melhor, uma vez que o caso já está prescrito pelo tempo decorrido. Pergunto por que não cuidaram da sua residência nesse período em que esteve abandonado?

— Acontece que a residência ficou sob os cuidados da nossa tia-avó Lilian Vivone, que faleceu em 1742, e só soubemos da sua morte anos depois. Portanto, os ladrões devem ter se aproveitado desse fato — informou Brian.

— Nós não entendemos bem o que está acontecendo — disse Onatah. — Quem será que destruiu a casa? Será que esse senhor não sabe?

O policial olhou espantado para a jovem indígena que falou em inglês, uma língua que ele havia aprendido na escola, e respondeu diretamente para ela, também em inglês.

— A senhora me desculpe se estou respondendo diretamente, mas fiquei abismado com a perfeição do seu inglês. Por acaso, a senhora é nascida na Inglaterra? E o que a traz a esta cidade?

— Bem, meu senhor, sou esposa de Brian Vivone, a quem o senhor deu as informações que não pude entender por não falar português, o que eu aliás adoraria — respondeu Onatah. — Como o senhor já deve ter desconfiado, sou uma indígena americana, nasci em Nova York, na América do Norte, e pertenço ao povo Lenape. Por sorte consegui frequentar a famosa Dutch School of Moral Integrity, em Nova Amsterdam, atual Nova York, e é por essa razão que falo inglês, francês e um pouco de italiano, além da minha língua-mãe chamada munsee.

— Valha-me Nossa Senhora, mas isso é a coisa mais incrível que já ouvi — retrucou o policial, cujo nome era Rafael Rodrigues. — Então, continuando, acho que o ideal seria vocês comprarem tudo o que for necessário para que possam ter uma estadia confortável. Posso recomendar um ótimo marceneiro que poderá providenciar as camas, mesas e outros itens. Ele também poderá consertar os estragos feitos na residência. O nome dele é Josefino de Almeida e a sua oficina fica logo abaixo nesta rua. Desejo-lhes muitas felicidades na sua vinda a Lisboa.

— Muito obrigado, senhor Rodrigues — disseram todos ao mesmo tempo.

Depois de uma semana, estavam instalados com o indispensável para uma vida tranquila. Felizmente, o ouro da família foi mais do que suficiente para pagar toda a reestruturação.

— Ainda sobre o personagem Dom João V — disse Brian —, eu soube que seu último feito diplomático foi o Tratado de Madrid, de 1750, que estabeleceu as fronteiras modernas do Brasil. Vestígios do seu tempo no Brasil incluem cidades como Ouro Preto, a capital do distrito do ouro das Minas Gerais; São João del-Rei, assim nomeada em sua honra; Mariana, que recebeu o nome da rainha; São José, a que foi dado o nome do príncipe herdeiro, e numerosas outras cidades, igrejas e conventos da colônia"[1].

"Continuando, vale a pena nós sabermos um pouco sobre o Tratado de Madrid. Ele foi firmado na capital espanhola, entre os reis D. João V de Portugal e Fernando VI de Espanha, em 13 de Janeiro de 1750, para definir os limites entre as respectivas colônias sul-americanas, pondo fim às disputas. O objetivo do tratado era substituir o Tratado de Tordesilhas, o qual já não era mais respeitado na prática. Pelo tratado, ambas as partes reconheciam ter violado as divisas na América e concordavam que, a partir de então, os seus limites se sobreporiam aos limites anteriores. As negociações basearam-se no chamado Mapa das Cortes, privilegiando a utilização de rios e montanhas para demarcação dos limites. O diploma consagrou o princípio do direito privado romano do *uti possidetis, ita possideatis,* ou 'quem possui de fato, deve possuir de direito', delineando os contornos aproximados do Brasil de hoje"[2].

Durante a permanência em Lisboa, os dois casais conversaram bastante sobre as possibilidades que poderiam ser exploradas pela família. As esposas, sedentas por aprender o português e os

[1] https://www.mundolusiada.com.br/colunas/opiniao-luso-descendente/os-reinados-de-portugal-d-joao-v-24o-rei-de-portugal-rei-magnanimo/

[2] http://www.scielo.br/pdf/vh/v23n37/v23n37a04.pdf

maridos com necessidade de obterem uma profissão que lhes fosse útil no futuro. Como os quatro frequentaram a Dutch School em Nova Amsterdam, acharam que a Universidade de Coimbra poderia aceitá-los como estudantes. Além disso, sabiam que os seus antepassados Charlie, Bruno e Alex haviam frequentado a Universidade e os seus nomes certamente deveriam constar dos registros.

Devido ao fim do segundo semestre de 1750, os quatro não puderam se matricular na universidade, ficando, pois, para o primeiro semestre de 1751. Enquanto isso, decidiram empreender uma viagem pelo país o que serviria para o aprendizado da língua portuguesa pelas esposas e filhos. O roteiro escolhido foi partir de Lisboa para Setúbal, chegando até Évora e depois rumo ao sul[3]. Os rapazes queriam a todo custo pescar, um de seus maiores sonhos.

— Quando formos para o sul, vou contar para vocês porque Portugal tem os melhores peixes do mundo — disse Brian. — Existe no mar um peixe chamado bacalhau, que eu já comi muitas vezes e que nós vamos comer assim que encontrarmos uma pousada para dormir. Eles devem servir esse peixe com batatas, arroz e cebolas, uma delícia, vocês vão ver.

— Mas, pai, o mar é muito grande e você não falou onde tem bacalhau para nós pescarmos — falou Temanen.

— Na verdade — esclareceu Brian —, o lugar onde há muito bacalhau é perto de um país chamado Noruega e de outro chamado Canadá. Esse peixe gosta muito de águas frias e o mar próximo à costa de Portugal é mais quente e não tem bacalhau, por isso eles tiveram que procurar mais ao norte, ou mesmo no Canadá. Todo mundo fala que "o bacalhau de Portugal é o melhor do mundo", mas na verdade ele não foi pescado em águas portuguesas e sim comprado pelos portugueses na Noruega. Como os portugueses sabem preparar muito bem o bacalhau para comer, todo mundo fala que o bacalhau português é o melhor do mundo.

3 https://www.alternatehistory.com/forum/threads/o-renascimento-de-um-imp%C3%A9rio-a-verdadeira-historia-de-portugal.144200/

— Então, papai, temos que ir para a Noruega para pescar o bacalhau de lá, não é? — perguntou Temanen.

— Acho que não vai dar para irmos à Noruega, é muito longe. Mas eu prometo que vocês vão pegar outros peixes no sul de Portugal e a diversão vai ser a mesma — consolou Brian. — O melhor lugar para pescar chama-se Albufeira, onde você pode entrar no mar com uma vara de pescar e pegar peixes que nadam bem perto da praia. E nós vamos para lá amanhã cedo.

— Vamos ensinar vocês a sentir quando o peixe está preso no anzol — disse Sayen. — Aprendemos a pescar com os nossos pais e vamos ajudar vocês a pegar muitos peixes, depois vamos comer numa cova que vamos fazer na areia.

— Mas, mamãe, o peixe vai ficar cheio de areia e não vai dar para comer — falou Raini.

— Não é bem assim. A gente coloca o peixe em cima de uma chapa que vamos comprar, o peixe fica esquentando no fogo e fica delicioso — ensinou Sayen.

— E por que tem que colocar o peixe numa cova? — perguntou Talli.

— Porque fica mais quentinho e o vento não apaga o fogo — falou Brian.

A primeira providência ao chegarem a Albufeira foi a compra das varas e dos anzóis. Por sorte, alguns pescadores também forneciam camarões que serviriam como iscas. Onatah e Sayen mostraram aos meninos como colocar os camarões nos anzóis e o resultado foi fantástico. O primeiro peixe foi pescado por Tuxaua. Era uma pescada branca. O segundo foi puxado por Temanen com gritos e pulos de alegria. Era um robalinho. Enfim, ninguém ficou “sapateiro”, o que significa não conseguir pescar nenhum peixe. O total obtido foi de quatorze peixes assados na cova de areia, constituindo a maior experiência da vida dos meninos.

Numa semana de prática, os meninos ficaram especialistas e voltaram a Lisboa felizes, enquanto os pais já sonhavam com a Universidade de Coimbra. Ryan e Brian, apesar dos 34 e 35 anos de idade, respectivamente, certamente seriam os mais velhos da classe. Ambos queriam cursar medicina, o que confirmava a tradição da família Vivone de tratar a saúde das pessoas. As esposas, com cerca de 30 anos, por não conhecerem as opções existentes, teriam que aguardar o contato com Coimbra para definir as suas prioridades. Durante esse período em Lisboa, elas conseguiram aprender o idioma.

18

O período passado na Universidade de Coimbra foi maravilhoso, especialmente para as esposas. Onatah cursou história e geografia e Sayen escolheu comércio exterior, por ter se apaixonado pelas vendas de peles de castor realizadas pelo seu pai aos franceses e espanhóis. A formação em medicina de Brian e Ryan durou, ao todo, nove anos, sendo seis do curso, mais dois de residência e um ano trabalhando em dois dos três hospitais da região. Portanto eles se formaram em 1760. As matérias das esposas, entretanto, tiveram duração menor do que medicina, tendo se formado em 1756.

Durante a permanência da família na universidade, precisamente em novembro de 1755, Lisboa foi arrasada por um terremoto considerado um dos mais violentos da história. Felizmente o seu efeito não foi tão dramático em Coimbra, localizada mais ao norte de Lisboa.

Lisboa não foi a única cidade portuguesa afetada pela catástrofe. Todo o sul de Portugal foi atingido, sobretudo o Algarve, e a destruição foi generalizada. Além dos danos causados pelo sismo, o tsunami que se seguiu destruiu fortalezas costeiras e habitações, registrando-se ondas com até 30m de altura. As ondas de choque do sismo foram sentidas por toda a Europa e norte da África. As cidades marroquinas de Fez e Meknès sofreram danos e a perda de muitas vidas. Os maremotos originados pela movimentação tectônica varreram locais desde o norte de África até o norte da Europa, chegando até a Finlândia e através do Atlântico, afetando os Açores e a Madeira, também locais tão longínquos como Antígua, Martinica e Barbados. Diversos locais em torno do golfo de Cádis foram inundados: o nível das águas subiu repentinamente em Gibraltar e as ondas chegaram até Sevilha através dos rios Guadalquivir, Cádis, Huelva e Ceuta.

De uma população de 300 mil habitantes em Lisboa, crê-se que 90 mil morreram, 900 dos quais vitimadas diretamente pelo tsunami. Outros 10 mil foram mortos em Marrocos. Cerca de 85% das construções de Lisboa foram destruídas, incluindo palácios famosos e bibliotecas, conventos e igrejas, hospitais e todas as suas estruturas. Várias construções que sofreram poucos danos pelo terremoto foram destruídas pelo fogo que se seguiu ao abalo sísmico, causado por lareiras de cozinha, velas e, mais tarde, por saqueadores em pilhagens dos destroços[1].

Brian e Ryan, enquanto ainda se encontravam com o curso incompleto, foram dois dos voluntários que se dirigiram a Lisboa para auxiliar os médicos no tratamento dos feridos. Foi uma experiência dramática para eles. Felizmente, as esposas permaneceram em Coimbra cuidando dos quatro filhos, já com 9 e 10 anos de idade.

Após o terremoto, em 1756, a família foi surpreendida pelas notícias da guerra que se desenvolvia na Europa, na qual estavam envolvidas várias nações. Brian conseguiu algumas informações e relatou às esposas e aos meninos, que imediatamente se interessaram pelo assunto.

Tratava-se de um emaranhado de alianças entre países europeus. De um lado França, Áustria, Saxônia, Suécia e Rússia, e do outro Prússia, Hanôver e Inglaterra. A guerra começou devido à tentativa dos Habsburgos da Áustria de reconquistar a rica província da Silésia, que havia sido tomada por Frederico II, o Grande, da Prússia, durante a Guerra de Sucessão Austríaca entre os anos de 1740 e 1748.

1 https://www.unicamp.br/iel/memoria/projetos/ensaios/ensaio5.html

Mas esse início também foi causado por várias lutas, na época, pelo controle de além-mar entre a Inglaterra e a França, sendo um dos pontos principais a disputa pelo controle da América do Norte. A aliança da Inglaterra com a Prússia foi feita em parte com o propósito de proteger Hanôver (a possessão da dinastia inglesa) da ameaça de uma retomada francesa[2].

— Mas, pai, é muito difícil entender tudo isso. Por que esses países todos entram numa guerra e por que vai morrer tanta gente? — perguntou Tuxaua.

— Pois é, quando a gente não está em cada um desses países e não está sabendo exatamente o que os seus reis e governantes estão planejando, a coisa se torna complicada — respondeu Brian.

Brian e Ryan conseguiram, depois de formados, trabalhar em dois hospitais de Coimbra, o Hospital Real e o São Lázaro[3], onde permaneceram até 1763, ocasião em que terminou a Guerra dos Sete Anos, iniciada em 1756. Brian relembrou o dia em que contou à família o início do conflito e agora pôde rememorar os seus principais episódios.

— Lembram-se de quando eu falei sobre a guerra que se iniciou em 1756? — indagou Brian. — Agora que ela terminou nós podemos entender melhor o que ocorreu. Aliás, Portugal também esteve envolvido.

Para resumir, participaram dois blocos:

- **Bloco Francês**: Reino da França (líder), Império Austríaco, Império Russo, Reino da Suécia, Saxônia, Reino da Espanha, Reino de Nápoles e Ducado de Württemberg, contra o:

2 https://www.britannica.com/event/Seven-Years-War/The-treaties-of-peace

3 https://estudogeral.sib.uc.pt/bitstream/10316/25333/3/Hospitais%20de%20Coimbra%20e%20a%20alimenta%C3%A7%C3%A3o%20dos%20seus%20enfermos%20e%20funcion%C3%A1rios.pdf

- **Bloco Britânico**: Reino da Grã-Bretanha (líder), Reino da Prússia, Reino de Portugal, Reino de Hanôver, Estado de Hesse-Cassel e Ducado de Brunsvique.

— O que cada um dos blocos queria conseguir com essa guerra toda? — perguntou Temanen.

— As duas partes queriam o domínio marítimo e comercial nas Índias e nas colônias da América do Norte — explicou Brian. — Essa luta se travou principalmente entre a França e a Inglaterra. Além disso, havia fortes divergências entre as potências europeias sobre o domínio dos territórios na África, América do Norte e Ásia.

"Outro motivo foi a luta entre o Império Austríaco e o Reino da Prússia para estabelecer o controle sobre a Silésia, uma região situada entre a Polônia, Alemanha e Tchecoslováquia e os franceses, os russos e os austríacos estavam muito preocupados com o aumento de poder de Frederico II, rei da Prússia. Durante os sete anos da guerra, morreram milhares de soldados e houve um enorme número de feridos. Os países tiveram gastos elevadíssimos e prejuízos materiais consideráveis."

— Mas quanta bobagem, brigar por um território ou pelo comércio marítimo, será que não haveria outra solução em lugar de matarem tantos soldados e civis, pois acho que deve ter morrido uma grande parte da população desses países, não é? E Portugal entrou na luta também ou só deu apoio aos ingleses? — perguntou Raini.

— Portugal também entrou na guerra — disse Brian. — Na verdade, o país conseguiu se manter neutro durante algum tempo até a ameaça do rei francês Lus XV, de invadir o Brasil e ocupar os portos do Rio de Janeiro.

— Você poderia dar mais detalhes sobre como Portugal se envolveu no conflito e como se desenrolou esse episódio? — pediu Raini.

— Claro, vou esclarecer tudo isso agora — respondeu Brian. — Foi o que chamaram de Guerra Fantástica[4], a parte da Guerra dos Sete Anos em que participou Portugal. Esse conflito se desenrolou entre maio e novembro de 1762, quando o exército franco-espanhol, com cerca de 42 mil homens sob o comando do general Nicolás de Carvajal y Lancaster, marques de Sarriá, invadiu Portugal pela fronteira de Trás-os-Montes, conquistando Miranda, Bragança e Chaves. Mas foi derrotado pelas guerrilhas portuguesas[5] e forçado a voltar para a Espanha. Nesse momento, o comandante Nicolás foi substituído pelo conde de Aranda, que invadiu Portugal pela segunda vez, conquistando as cidades de Almeida, Castelo Branco e outras.

— Mas por que começou tão de repente essa invasão, não houve alguma ameaça a Portugal pelos espanhóis e franceses? — indagou Sayen, cada vez mais curiosa sobre o assunto.

— Houve sim — respondeu Brian. — Os embaixadores da França e Espanha exigiram que o governo português aderisse ao chamado Pacto de Família dos Bourbons[6], assinado em 1761, e que excluísse dos seus portos os navios britânicos e de seus aliados, em troca de proteção dos seus domínios ultramarinos. Mas os portugueses não

4 O episódio ficou conhecido por Guerra Fantástica porque, apesar da humilhante derrota infligida aos invasores, os conflitos mais importantes não foram batalhas convencionais, mas ações de guerrilha conduzidas pelas milícias locais, tendo o resultado da guerra sendo decidido por uma série de sucessivas e brilhantes movimentações de tropas sob o comando do conde de Lippe, um dos melhores soldados da sua era. A vitória de Lippe foi um exemplo clássico da vitória da estratégia sobre os números, assim como da vitória da guerrilha e movimentos militares sobre a guerra convencional.

5 Guerrilha é uma tática de guerra que se caracteriza por ações descontínuas de inquietação e emboscadas, levadas a efeito por grupos irregulares ou mesmo por tropas regulares.

6 O terceiro "Pacto de Família" foi o tratado assinado em 5 de agosto de 1761, entre os reis da França, da Espanha e o duque de Parma. É assim chamado por pertencerem todos os contratantes à família dos Bourbons; era destinado a se defender da superioridade da marinha do Reino Unido da Grã-Bretanha, unindo forças da França, Espanha e Parma.

aceitaram, o que fez com que os embaixadores de França e Espanha abandonassem Lisboa.

"Ao mesmo tempo, o Marquês de Pombal[7], preocupado com a redução das tropas, mandou aumentar os efetivos dos regimentos de infantaria, cavalaria e artilharia, enquanto desembarcavam em Lisboa forças auxiliares britânicas sob o comando do general George Townshend, depois visconde e marquês Townshend. Em resposta, formou-se um exército anglo-português, com cerca 14 mil a 15 mil homens, sob o comando do conde de Lippe, que se posicionou para defender Lisboa nas colinas a nordeste de Abrantes, onde foram construídas várias obras de defesa. O exército aliado e camponeses da Beira Baixa puseram em prática uma eficaz tática de guerrilha na retaguarda dos invasores, que viram a sua linha de comunicações com a Espanha praticamente cortada. Enquanto os anglo-portugueses — protegidos e entrincheirados nas colinas a norte da Península de Lisboa, definida a oeste pelo Oceano Atlântico e a sul e leste pela formidável barreira do rio Tejo —, podiam ser abastecidos por mar, os franco-espanhóis viam as suas tropas serem dizimadas pela fome, deserção e guerrilhas. Assim, o exército invasor foi forçado a escolher entre ficar em frente a Abrantes e morrer de fome ou se retirar. O conde de Lippe, apercebendo-se da situação desesperada do inimigo, completou-a com um movimento audacioso que decidiu a guerra: enviou uma força de soldados portugueses comandada por George Townshend para deslocar-se num movimento de cerco em direção à retaguarda do diminuto e desmoralizado exército espanhol, que se retirou logo para mais perto da fronteira.

"Mas um segundo movimento de cerco, levado a cabo pela mesma força de Townshend que pretendia aprisionar o exército espanhol em Castelo Branco, levou à retirada definitiva do exército franco-espanhol para a Espanha. Mais uma vez, um movimento militar, e não uma batalha formal, decidia a guerra.

[7] https://educacao.uol.com.br/biografias/marques-de-pombal.htm

"Os invasores foram assim derrotados e perseguidos até a Espanha, sofrendo perdas terríveis — cerca de 25 mil homens — provocadas pelas tropas regulares e pelos camponeses, assim como por fome, deserção e doenças. O quartel-general franco-espanhol em Castelo Branco — cheio de feridos e doentes abandonados durante a fuga do exército espanhol — foi conquistado, bem como todas as praças anteriormente ocupadas. Em novembro de 1762, foi assinado um acordo de cessar-fogo, depois de pequenas batalhas travadas e do fracasso das forças espanholas."

— E depois, como ficaram as outras nações? Como terminou a Guerra dos Sete Anos? — perguntou Onatah.

— Bem, em fevereiro de 1763, foi assinado o famoso Tratado de Paris entre Grã-Bretanha, França, Portugal e Espanha, que pôs fim à Guerra dos Sete Anos — explicou Brian. — O tratado gerou grandes trocas de territórios coloniais entre as potências europeias, em especial na América do Norte e Caraíbas. Assim, a Grã-Bretanha obteve da França o domínio do Canadá, da Nova Escócia, de São Vicente, Dominica, Tobago, Granada e Minorca. Por outro lado, a França recuperou Guadalupe, Santa Lúcia e Gorea, as suas colônias na Índia, embora sem o direito de nelas construir fortificações, e obteve garantias sobre os seus direitos de pesca na Terra Nova; a Espanha recebeu da França a Luisiana, trocou a Flórida por Havana e recuperou Manila e as Filipinas[8].

— Será que tudo isso não poderia ter sido resolvido pacificamente? — indagou Temanen.

— Acho que não, porque existe entre os monarcas a sede pelo poder e a ganância de ter sempre mais territórios de onde extrair riquezas. Veja por exemplo o domínio de Portugal no Brasil. Eu contei a vocês que os portugueses extraem do Brasil toneladas e toneladas de ouro e pedras preciosas, o que mostra que as colônias são importantíssimas para as nações que as conquistaram. Isso também é feito pelos franceses, ingleses, espanhóis, holandeses e todos aqueles que exploram o

[8] https://www.britannica.com/event/Treaty-of-Paris-1763

continente americano e outros continentes do mundo — completou Brian.

Toda essa guerra nos permite analisar os comportamentos dos líderes desses países e verificamos que todos foram responsáveis por inúmeras mortes de soldados e de pessoas inocentes.

19

Em 1763, os filhos, com 18 e 19 anos, já haviam feito os cursos necessários para frequentar a universidade. Parecia que os Vivone estavam fadados a permanecer em Portugal. Provavelmente, os quatro iriam também frequentar a Universidade de Coimbra. Entretanto, com o término da Guerra dos Sete Anos, a família achou que as mães mereceriam conhecer o país onde os Vivone viveram por tantos anos. Portanto, houve nova mudança de planos e todos resolveram partir para a Inglaterra.

Entretanto, a família já não tinha mais os contatos do passado pela sua longa ausência do país. Mas achavam que, perto da Baltimore Estate, sua antiga propriedade onde se situava a Royal School, fundada pela família, certamente seriam reconhecidos como seus fundadores, caso mencionassem esse fato. Ao chegarem à escola em 1764, viram que ela estava em franco desenvolvimento e que era considerada a mais avançada instituição de ensino da Inglaterra.

A admiração de Sayen e Onatah pela região foi extraordinária. Imediatamente resolveram consultar a diretoria da Royal School sobre a possibilidade de matricular os filhos por um período de dois anos. Ao mencionarem que a família Vivone havia fundado a escola em 1410, foram recebidos de braços abertos. Como o início das aulas só seria em setembro, teriam tempo suficiente para arrumar alojamento. Ryan lembrou-se de que os seus antepassados tinham conquistado o direito vitalício de visitar o castelo de Windsor, mas a entrada foi barrada pelos guardas que não tinham qualquer informação a respeito.

— Quem sabe o pessoal da Royal School possa indicar uma hospedaria onde ficaríamos por enquanto, o que vocês acham? — perguntou Sayen.

— Grande ideia, eles certamente nos ajudarão — respondeu Ryan.

A diretoria da Royal School se prontificou a encontrar um local conveniente para que os filhos pudessem ficar perto da escola e o resultado foi mais do que satisfatório. Conseguiram uma casinha na própria Baltimore Estate, onde se hospedavam pessoas ilustres ligadas à nobreza de Windsor. Sem dúvida, o nome Vivone deve ter um poder extraordinário. Pode-se imaginar a admiração que as esposas demonstraram pela família à qual pertencem atualmente.

De 1765 a 1767, os rapazes frequentaram a escola e suas mães tiveram a oportunidade de conviver com as damas da sociedade inglesa, a quem transmitiram parte da sua cultura indígena. Fizeram palestras sobre o povo lenape e sobre os costumes dos nativos americanos, e contaram as aventuras passadas com os iroqueses. Enquanto isso, Brian e Ryan começaram a ficar conhecidos como médicos. A experiência que acumularam durante o terremoto de Lisboa, em 1755, foi benéfica, pois ao relatarem as consequências do cismo aos seus colegas médicos, foram convidados a trabalhar no castelo de Windsor como "consultores de saúde".

Enquanto trabalhavam no castelo, tiveram vários contatos com o rei George III (1738–1820) e puderam examiná-lo algumas vezes, em conjunto com seus outros médicos. Um dos seus costumes era falar abundante e longamente, repetindo-se inúmeras vezes, o que Brian achou estranho para um monarca. Ele soube que o rei tomava um remédio que posteriormente revelou ter entre os seus componentes o arsênico[1]. Em 1765, George teve um pequeno episódio da doença

1 http://www.bbc.com/news/magazine-22122407

que o acometeria e que se agravaria mais tarde[2]. Aparentemente se tratava da chamada porfiria[3].

— Brian, conte um pouco mais da vida do rei George III — pediu Onatah.

— Acho que vale a pena, pois é considerado um rei muito importante da Inglaterra. George William Frederick, mais conhecido como George III, é um dos mais famosos reis da Grã-Bretanha. Ele tem sido reconhecido em seu reinado, por sua natureza dócil, benevolente e compassiva. Patrono dos avanços na ciência, agricultura e tecnologia, tem uma propensão para a coleta de assuntos de natureza científica e matemática. Ganhou o apelido de "Fazendeiro George", inicialmente devido à atenção que dava aos assuntos ordinários em vez dos políticos. O nome, no entanto, se manteve quando as pessoas perceberam o valor da sua humildade e simplicidade, em comparação com outros reis. Em conjunto com o primeiro-ministro, William Pitt, o jovem, ele ganhou popularidade entre seus súditos, que se prolonga até o momento. Como rei, sempre evita falar mal de alguém e, apesar de opiniões mistas sobre ele, é um fato que é reverenciado por muitos, em todo o mundo[4]. Os relatos sobre o seu reinado nos parecem extremamente positivos.

Os quatro filhos Vivone, com 22 e 23 anos, adaptaram-se com perfeição aos costumes britânicos, apesar da aparência um tanto diferente devido à origem nativa americana. Após a formatura na Royal School, chegava a hora de escolher profissões.

Foram decisões difíceis, mas os pais tiveram o cuidado de não influir nas escolhas. Enfim, Raini resolveu se juntar à sua mãe Sayen para explorar o comércio exterior, enquanto Talli preferiu a engenharia. Tuxaua e Temanen não resistiram ao desejo de se tornarem médicos, à semelhança do pai. Para onde iriam todos eles?

2 https://www.britannica.com/biography/George-III/George-and-the-Younger-Pitt-1783-1806

3 http://www.porfiria.org.br/porfirias.htm

4 https://edukavita.blogspot.com.br/2015/05/biografia-de-george-william-fredeick.html

Logicamente a família optou pela Universidade de Oxford, onde estudou Piatã Vivone, falecido em 1612. Os quatro foram aceitos e iniciaram seus cursos em 1768. O de engenharia e de medicina duraram ao todo 8 anos (portanto até 1776), incluindo os estágios de Talli em empresas de construções e as residências de Tuxaua e Temanen no Radcliffe Infirmary, um hospital inaugurado em 1770. Raini se formou mais cedo, pois o curso de comércio exterior durou menos, terminando em 1773.

Logo após terminar seu curso, Raini e sua mãe, incentivados por Brian, iniciaram um pequeno comércio de peles de castor que importavam dos lenape, de Nova York para Londres, utilizando para isso a empresa que fundaram com o chefe Tishcohan, a "The First Indian-American Export Company of Delaware". O nome teve grande sucesso entre os compradores britânicos, que ficaram satisfeitíssimos com a qualidade e a pontualidade das entregas.

O trabalho de Raini e de Sayen foi recompensado com lucros animadores. Em 1774, com o nome já consolidado no mercado, receberam a visita de um importador que se queixava de ter sido enganado por um dos fornecedores de peles de Nova York. Tratava-se da British Fur Import Company, que recebeu um lote dos iroqueses, formado por peles de baixíssima qualidade, com graves defeitos. O cliente estava revoltado pela desconsideração dos vendedores, que não aceitaram a devolução da mercadoria alegando que a culpa era dos transportadores, que deviam ter adulterado o embarque. Além disso, não quiseram devolver o dinheiro recebido. Enfim, o prejuízo da empresa fez com que o seu proprietário, Aldous Brent, passasse todas as suas importações para a First Indian-American Export Company of Delaware. A conquista foi comemorada pela família com champanhe francês.

Por outro lado, as andanças de Talli também deram certo, pois sua forma de construir impressionou os ingleses. Na época, ele ficou algum tempo elaborando um estilo totalmente diferente que agradou seus clientes. Como amante da natureza, devido à sua ascendência indígena, Talli misturava cenários da mata das cercanias de Nova

York com a beleza da paisagem inglesa. Além de reduzir um pouco a grandiosidade das residências, procurava adicionar maior conforto aos imóveis, além de cuidar do seu entorno. Fazia pequenos regatos e lagos artificiais com flores e estatuetas de animais americanos, também pequenas pontes românticas em torno das casas. Seu gosto pela vegetação, combinado com o estilo meio americano e meio britânico foi elogiado por engenheiros e arquitetos da época, e a sua forma de construir trouxe inovações enormes, principalmente em matéria de estruturas mais simplificadas que requeriam menos materiais do que no passado.

O ano de 1774 foi mais um ano de decisões para os Vivone. Os quatro rapazes, já com 30 e 31 anos, estavam trabalhando intensamente e não tiveram tempo para pensar em namoro, muito menos em casamento. Mas os pais viviam insistindo para que olhassem para as inúmeras moças que os cercavam diariamente. Numa das festas proporcionadas por George III aos nobres, Talli, engenheiro do castelo, recebeu um convite, extensivo ao seu irmão Raini e aos primos Tuxaua e Temanen para o baile em comemoração às reformas em estilo gótico feitas no palácio. Foi nessa ocasião que os quatro iniciaram namoros. Não demorou muito para que três deles se casassem no ano seguinte (1775), com exceção de Talli, que preferiu postergar qualquer compromisso mais sério. Raini casou-se com Mabel Harris, uma estudante de arte, nascida em 1750. Tuxaua apaixonou-se por uma médica do castelo, de nome Andrea Watt, nascida em 1751, e Temanen com a cirurgiã-chefe do rei George III, chamada Christine Hopkins, também nascida em 1751. Como de costume, os casamentos foram realizados no mesmo dia, na Royal School.

Em julho de 1776, nasceram três meninos. Paul, filho de Tuxaua e Andrea; Robert, filho de Temanen e Christine; e John, filho de Raini e Mabel.

Em agosto do mesmo ano, os Vivone receberam notícias da América do Norte que os alarmaram um pouco. A preocupação relacionava-se com o que estava ocorrendo entre os colonos e os britânicos. Brian fez um resumo do que ocorrera desde o término da

Guerra dos Sete Anos, em 1763, também conhecida como a "Guerra Franco-Indígena", vencida pela Inglaterra. Na época, os americanos respiraram aliviados porque a ameaça dos franceses e dos seus aliados nativos parecia afastada, o que dava segurança às treze colônias britânicas situadas mais ao sul. Além disso, a conquista de Quebec pela coroa britânica também contribuiu para incentivar a ligação entre colônias e metrópole. Foi uma surpresa, portanto, a rápida deterioração desse relacionamento.

— Mas por que os americanos queriam a independência se estavam se dando tão bem com os ingleses? — perguntou Onatah.

— Bem — respondeu Brian —, com o fim da Guerra dos Sete Anos, a Inglaterra se encontrava com as suas finanças abaladas devido às imensas despesas que tiveram durante o conflito, o que os obrigou a elevar a carga de impostos e tributos das suas colônias norte-americanas, o que foi um dos motivos da sua revolta. Uma lei promulgada em 1765, a Lei do Selo, foi imposta aos colonos, visando tirar a Inglaterra do prejuízo resultante dos gastos militares. O arrocho da Lei do Selo previa a impressão de um selo real em todos os produtos para que pudessem circular como mercadorias certificadas, gerando um dispendioso gasto para os produtores. Com isso estabeleceu-se um boicote de todo e qualquer produto proveniente da Inglaterra.

"Além disso, outros fatores contribuíram para um crescente sentimento de revolta por parte dos colonos, como as restrições fiscais da coroa inglesa, conhecidas como Leis Proibitivas. Uma dessas leis, a do imposto sobre o chá, foi o principal vetor para a revolta contra a Inglaterra. Em 1770, cinco pessoas que protestavam contra essa lei na cidade de Boston foram assassinadas pela guarda inglesa. Em dezembro de 1773, alguns colonos disfarçados de indígenas entraram no porto de Boston e jogaram no mar as sacas de chá da Companhia das Índias Ocidentais, rival do chá americano. Essa afronta aos ingleses ficou conhecida como a Festa do Chá de Boston, ou 'Tea Party', fato que deu origem a um dos mais sólidos movimentos políticos conservadores dos Estados Unidos."

— E o que George III da Inglaterra fez quando soube da "Tea Party?" — perguntou Onatah.

— Ele impôs os chamados "Atos Intoleráveis", mal recebidos pelos americanos e que constituíram as principais causas da Revolução Americana — falou Brian.

"Os Atos foram os seguintes:

- O Ato do Porto de Boston, que determinou o seu fechamento até que o prejuízo causado à Companhia das Índias Orientais Holandesas tivesse sido pago;
- O Ato do Governo de Massachusetts, que colocou o governo quase inteiramente sob controle direto britânico;
- O Ato da Administração da Justiça, permitindo que oficiais reais britânicos fossem julgados na Inglaterra, caso o rei achasse necessário um julgamento justo;
- O Ato de Alojamento, ordenando às colônias que fornecessem alojamento aos soldados britânicos;
- O Ato de Quebec, que estendeu o território britânico no Canadá e garantia a prática do Catolicismo Romano.

"O Ato de Alojamento foi o que mais irritou os americanos, que temiam que se repetisse o Massacre de Boston, ocorrido em 1770. Dessa forma, os colonos viviam com medo dos soldados ingleses em suas casas. Com tudo isso, eles decidiram que algo teria que ser feito.

"O clima de insatisfação e revolta contaminou muitos americanos, inclusive alguns dos que antes não estavam a favor do choque com a coroa inglesa. Entre os líderes da independência estavam Thomas Jefferson, Samuel Adams, Richard Lee e Benjamin Franklin, que organizaram, na Filadélfia, em abril de 1775, o Primeiro Congresso Continental, onde foi elaborada a declaração de direitos. Em 10 de abril de 1775, ocorreu o primeiro combate em Lexington, entre tropas reais e milícias de colonos. Outras batalhas ocorreram em Concord e Bunker Hill.

"No ano seguinte, em 4 de julho de 1776, houve o Segundo Congresso Continental, em que foi redigida a Declaração de

Independência e houve a criação do exército colonial, que enfrentou com mais propriedade o exército inglês[5]."

Os Vivone acompanharam por meio de notícias o desenvolvimento da guerra dos americanos em busca da sua independência, confrontando a Grã-Bretanha contra as treze colônias americanas. George Washington (1732–1799)[6], nomeado comandante geral em 1775, foi o grande herói da guerra da independência. O conflito durou de 1775 a 1783, com vitórias de parte a parte, até a famosa Batalha de Saratoga em que o general britânico John Burgoyne acabou sendo derrotado, em outubro de 1777. Essa vitória foi decisiva na guerra, pois convenceu a França e a Espanha a se aliarem aos americanos.

Um exército franco-americano, sob as ordens do comandante de Rochambeau e George Washington, marchou sobre Yorktown e forçou a rendição do general inglês Charles Cornwallis e suas tropas, em 1781. Após a rendição de Cornwallis, o parlamento britânico, composto pelo grupo dos whigs e dos tories se dividiu quanto ao conflito. Os whigs eram favoráveis ao término das operações, enquanto os tories queriam que o conflito continuasse, mas, em 1782, os parlamentares britânicos votaram por encerrar todas as operações militares na América do Norte.

Em 3 de setembro de 1783, os beligerantes encerraram formalmente a guerra assinando o Tratado de Paris, no qual o Reino Unido reconhecia a soberania dos Estados Unidos como uma nação independente. O envolvimento da França no conflito se mostrou decisivo para a vitória americana, mas, no geral, os franceses ganharam muito pouco e viram sua economia entrar em colapso. A Espanha foi outra nação que, apesar de estar no lado dos vitoriosos, não conseguiu conquistar muita coisa. Os holandeses, que também estavam em guerra contra a Inglaterra, acabaram sofrendo grandes perdas financeiras e territoriais[7].

5 http://historiadomundo.uol.com.br/idade-moderna/independencia-dos-eua.htm

6 http://www.mountvernon.org/george-washington/key-facts/.

7 https://escola.britannica.com.br/artigo/Guerra-de-Independência-dos-Estados-Unidos/480590

— Brian, você contou para nós os detalhes importantes da vida do rei George III. Daria para você falar um pouco de George Washington? — pediu Onatah.

— Claro, este homem é um dos grandes heróis americanos e o maior responsável pela independência dos Estados Unidos. Vou fazer um resumo das suas realizações.

"Um dos maiores líderes militares da história, George Washington[8] foi responsável pela derrota dos britânicos, sendo eleito o primeiro presidente da recém-formada nação dos Estados Unidos da América. Nasceu no estado da Virgínia e era agrimensor por profissão e proprietário de terras por herança. Enquanto servia como oficial na milícia da Virgínia, durante os primeiros anos da Guerra Franco-Indígena[9], começou a desenvolver uma certa animosidade pelos oficiais britânicos e por suas tropas, que sempre tratavam os cidadãos nascidos na América como inimigos subjugados. Eleito para a Assembleia da Virgínia em 1758, Washington logo percebeu o crescente descontentamento que a maioria dos americanos tinha por viver numa colônia britânica. Em 1765, o Parlamento Britânico aprovou o Stamp Act, a Lei do Selo, impondo sobre os colonos uma taxa destinada a pagar uma força militar britânica que ocuparia as colônias e fortaleceria os governantes britânicos. Em 1774, depois que o governador britânico da Virgínia dissolveu a Assembleia, Washington esteve entre os que perceberam que um conflito armado com o Inglaterra se tornara inevitável. Estava declarada a Guerra Revolucionária Americana[10], que irrompeu em todas as colônias. Washington se destacou como comandante das unidades de milícia da Virgínia e, em 1775, o recém-formado Congresso Continental o nomeou comandante do exército americano. Em 4 de julho de 1776, a Declaração da Independência americana estava assinada. Washington conseguiu forçar os britânicos a deixar Boston, mas não teve êxito em dominar a cidade de Nova

8 George Washington (1732–1799)

9 Guerra Franco-Indígena (1754–1763)

10 Guerra Revolucionária Americana (1775–1783)

York. Em 24 de dezembro de 1776, ele desferiu um brilhante e ousado ataque através do rio Delaware, esmagando as defesas britânicas em Trenton e Princeton. O feito elevou o moral das tropas americanas. Mas a vitória final só ocorreu quando Washington derrotou definitivamente o general Lorde Cornwallis[11] em Yorktown, em 19 de outubro de 1781. Embora um tratado de paz só fosse assinado em 1783, os britânicos haviam sido dominados, e nascia uma nova nação. Depois da guerra, Washington voltou para sua casa em Mount Vernon, na Virgínia, mas, em 1787, presidiu a Convenção Constitucional na Filadélfia. Em 1789, sob as disposições da Constituição dos Estados Unidos, ele foi eleito pelo Colégio Eleitoral o primeiro presidente dos Estados Unidos."[12]

Até 1785, os Vivone permaneceram na Inglaterra, cada um progredindo em seu respectivo campo. O curioso é que, apesar de sua nacionalidade americana, a família não foi incomodada pelos ingleses devido à sua perfeita integração com a nobreza britânica.

— Mãe, o que acha se nós entrarmos no comércio de tecidos ingleses? — perguntou Raini. — Você sabe que agora os britânicos dominam a produção de tecidos, pois inventaram a máquina de fiação e tecelagem de algodão, o que constituiu o início da chamada Revolução Industrial.

Em 1767, o inventor inglês, James Hargreaves criou a máquina de fiar, construída em madeira, usada pela indústria rural e doméstica. Depois, em 1769, Richard Arkwright criou o tear hidráulico, aperfeiçoando o tear usado na indústria têxtil. Nesse mesmo ano, James Watt criou a máquina a vapor.

[11] Lorde Cornwallis (1738–1805)

[12] Reeleito em 1793, George Washington criou um poderoso governo centralizado, gerido com o consenso dos representantes de cada estado. Um dos mais respeitados estadistas na história dos Estados Unidos, ele recusou um terceiro mandato presidencial e se aposentou em 1797. Washington morreu em 14 de dezembro de 1799. http://www.sohistoria.com.br/biografias/washington/

A nova energia passou a ser utilizada nas máquinas de fiar e tecer. Foi na fabricação de tecidos que ocorreram os mais importantes avanços técnicos no início da industrialização.

Em 1779, Samuel Cropton aprimorou o tear hidráulico e, em 1785, Edmund Cartwright inventou o tear mecânico, capaz de ser operado por mão de obra não especializada, o que marcou o fim da tecelagem manual. Para aumentar a resistência das máquinas, a madeira foi substituída pelo metal, que estimulou o avanço da siderurgia.

A Inglaterra contava com abundância de ferro e carvão, matérias-primas fundamentais para a construção de máquinas e para a produção de energia. A produção de carvão aumentou devido às bombas a vapor e outras inovações tecnológicas. Na segunda metade do século XVIII, a Inglaterra passou a ter a hegemonia naval. Por essa época, as atividades comerciais comandavam o ritmo da produção[13].

— Bem, a Inglaterra agora domina o comércio internacional e nós podemos comprar as mercadorias produzidas e vender no exterior, aproveitando o poder de navegação dos britânicos, ou então usar os nossos amigos portugueses da Empresa Franco-Portuguesa de Comércio Internacional. O que acha de tudo isso? — perguntou Raini.

— Acho fantástico. Vamos por mãos à obra e localizar os principais fornecedores — falou Sayen, animada com a excelente ideia. — Tenho a impressão de que a nossa empreitada vai ter um grande sucesso. Vou explicar por que tenho tanta certeza.

"A rainha de Portugal Maria I[14], que assumiu o governo em 1777, causou uma reviravolta na política econômica adotada pelo seu pai José I[15] e pelo seu célebre ministro Sebastião Carvalho e Melo,

13 https://www.todamateria.com.br/revolucao-industrial-inglesa/

14 Rainha Maria I de Portugal (1734–1816)

15 Rei José I (1714–1777)

o marquês de Pombal[16], provocando um retrocesso econômico para Portugal[17]. Esse período ficou conhecido como o da 'viradeira'.

"Em 1785, Maria I emitiu um alvará que proibiu o estabelecimento de fábricas e manufaturas no Brasil, argumentando que, com o desenvolvimento das fábricas e manufaturas, os colonos deixariam de cultivar e explorar as riquezas da terra e de fazer prosperar a agricultura nas sesmarias, conforme haviam prometido aqueles que as receberam. Para que a agricultura e a extração de ouro e diamantes não enfraquecessem por 'falta de braços', a rainha decidiu proibir todo tipo de fábrica e manufatura têxtil no Brasil, com exceção daquelas que produzissem tecidos grosseiros que servissem para o vestuário dos negros e o empacotamento de mercadorias. Caso desobedecesse ao alvará, o fabricante teria que pagar multa para a justiça e a quem o houvesse denunciado.

"Outra questão que pesava para a proibição das manufaturas no Brasil era a própria tentativa de Portugal de estabelecer e firmar uma indústria manufatureira que pudesse substituir em parte as onerosas importações da Inglaterra que, depois da Revolução Industrial, detinha o controle do mercado de exportação de gêneros industriais. A colônia representava um importante mercado para as manufaturas nascentes de Portugal, que não sobreviveriam a mais uma concorrência e à falta de consumidores.

"Depois do início da Revolução Industrial, há uma crescente necessidade, por parte da Inglaterra, de mercados consumidores e fornecedores de matérias-primas para sua mais importante indústria, a têxtil, principalmente o algodão, produto de regiões de climas tropicais. Nesse sentido, por exemplo, o Maranhão tornou-se um importante fornecedor de algodão para a indústria têxtil inglesa, recebendo manufaturados posteriormente por meio de Portugal[18]. Então, o

16 Marquês de Pombal (1699–1782)

17 http://www.historiacolonial.arquivonacional.gov.br/cgi/cgilua.exe/sys/start.htm?infoid=974&sid=106

18 http://www.historiacolonial.arquivonacional.gov.br/cgi/cgilua.exe/sys/start.htm?infoid=974&sid=106

que eu acho é que podemos comprar os produtos têxteis ingleses que possuem alta qualidade e preços baixos e vendê-los, não só no Brasil, como em todos os outros lugares que não têm meios de produzi-los."

— Sayen, você acaba de ser nomeada o "gênio" da família Vivone por essa magnífica ideia. Parabéns também ao Raini — declarou Ryan.

Aparentemente, os Vivone obtiveram mais uma vitória, pois os seus contatos com os comerciantes ingleses já haviam sido estabelecidos anteriormente através de visitas de Sayen e Raini. Além disso, conseguiram uma reunião importantíssima com a Empresa Franco-Portuguesa de Comércio Internacional, na qual foram celebrados acordos de exportação com a The First Indian-American Export Company of Delaware, de propriedade dos Vivone e dos lenape. As exportações se desenvolveram rapidamente e propiciaram excelentes lucros aos envolvidos. Inicialmente, as vendas foram feitas aos Estados Unidos e ao Brasil, depois à França e à Espanha.

Em 1789, Sayen estava com 66 anos, com uma saúde de ferro, e Raini, com 44, portanto na melhor idade para o sucesso como comerciante. Talli, com 43, praticando a engenharia com estilo próprio, era reconhecido no castelo de Windsor como um fenômeno. Ryan mais velho, já com 73, e Brian, com 72, ambos ativos como médicos, auxiliados por Tuxaua e Temanen. Finalmente, Onatah, esposa de Brian, era a mais velha das mulheres, com 68 anos, e continuava a dar aulas de história e geografia aos nobres do castelo de Windsor.

— Pai, eu soube que houve uma revolução na França recentemente. O que aconteceu? Eu tive algumas das minhas exportações para a França barradas no porto de Calais e estou ficando preocupado — perguntou Raini.

— Raini, a coisa é mais séria do que parece e já vem se desenrolando há algum tempo. Eu vou contar o que sei a respeito — respondeu Ryan.

"A sociedade francesa é dividia em três grupos chamados Estados:

- O Primeiro Estado, composto pelo Alto Clero, representando 0,5% da população francesa, e pelo Baixo Clero, identificado com o povo. O Alto Clero negava todos os tipos de reformas, enquanto o Baixo Clero as desejava;

- o Segundo Estado, ou Nobreza, composto por uma camada palaciana ou cortesã, que sobrevivia à custa do Estado e uma camada chamada Nobreza Togada, composta de alguns juízes e altos funcionários burgueses que adquiriram seus títulos e cargos, transmissíveis aos herdeiros. Compõem mais ou menos 1,5% dos habitantes;
- o Terceiro Estado, constituído por burgueses, camponeses sem-terra e os chamados 'sans-culottes', uma camada heterogênea composta por artesãos, aprendizes e proletários que tinham este nome graças às calças simples que usavam, diferentes dos tecidos caros utilizados pelos nobres.

"O Terceiro Estado era oprimido e explorado pelos dois primeiros, tendo que pagar impostos e contribuições para o clero e a nobreza, pois estes últimos não só tinham isenção tributária como ainda usufruíam do tesouro real por meio de pensões e cargos públicos.

"Entre 1788 e 1789, as colheitas de grãos fracassaram devido ao intenso frio que assolou a França, o que causou o aumento do preço do pão, alimento principal dos camponeses. Devido à miséria e à escassez, a população foi obrigada a se mudar para as cidades e a trabalhar nas fábricas, sendo constantemente explorada e a cada ano tornando-se mais miserável. Vivia à base de pão preto e em casas de péssimas condições, sem saneamento básico e vulneráveis a muitas doenças.

"Muitas outras áreas da Europa haviam adotado a batata como um alimento básico, porém os franceses a recusaram alegando tratar-se de uma comida suja, ou 'comida do diabo'. A batata era mais resistente a temperaturas baixas durante a pequena era do gelo, e não era facilmente destruída pela tática de terra queimada. Muitos camponeses contavam com a caridade para sobreviver, e se tornaram uma classe com a ambição de contra-atacar a desigualdade social e colocar um fim na falta de alimento. O 'tumulto do pão' evoluiu para uma das causas principais da Revolução Francesa. A urbanização em massa coincidiu com o início da Revolução Industrial e gerou uma superlotação que piorou as condições de vida.

"Um dos fatores de grande importância como causa intelectual da Revolução Francesa foi a reavaliação das ideias do Antigo Regime. Essa reavaliação foi baseada no pensamento Iluminista, representado por sábios como Voltaire, Diderot, Montesquieu, John Locke, Rousseau, Immanuel Kant etc. Eles criaram uma base de pensamentos que criticava as estruturas políticas e sociais absolutistas, além de fornecerem os ideais liberais.[19]"

— Pai, o que é o tal de Iluminismo, do qual já ouvi falar, mas não tenho ideia do que seja — perguntou Tuxaua.

— Iluminismo é um movimento cultural, filosófico, político e social que coloca a **razão** como a melhor forma para conquistar emancipação, liberdade e autonomia. Esses ideais e seus pensadores se concentram na capital francesa. O movimento é contrário ao absolutismo presente em toda a Europa[20].

— Tudo bem, entendi que essas ideias são muito mais avançadas do que a forma como pensam aqueles que favorecem a monarquia e contrários à liberdade econômica, religiosa e de pensamento, mas eu continuo na dúvida sobre o significado de **absolutismo**. Poderia explicar? — perguntou Tuxaua.

— A monarquia era tida como impedimento para o desenvolvimento do comércio e da burguesia. A França vivia num regime absolutista que, segundo a definição clássica, é a forma de governo monárquico na qual um monarca ou rei exerce o poder absoluto. Ele está acima de todos os outros poderes e concentra em si os três poderes: legislativo, executivo e judiciário[21].

— E o que aconteceu então com todas essas mudanças? — intercedeu Temanen.

19 https://www.britannica.com/event/French-Revolution

20 http://revolucao-francesa.info/iluminismo.html

21 https://www.historiadomundo.com.br/francesa/revolucao-francesa.htm

— Havia uma grande insatisfação com a forma pela qual Luís XVI tratava a sociedade francesa, que passou por uma grande transformação quando os privilégios feudais, aristocráticos e religiosos se evaporaram devido a um ataque de grupos políticos radicais, das massas nas ruas e de camponeses na região rural do país. Antigos ideais da tradição e da hierarquia de monarcas, aristocratas e da Igreja Católica foram abruptamente derrubados pelos novos princípios de *Liberté, Égalité, Fraternité*[22]. Esse ressentimento aliado aos, cada vez mais populares, ideais iluministas alimentaram sentimentos radicais, e a revolução começou com a convocação da Assembleia dos Estados Gerais, em maio de 1789.

— O que foi essa convocação e quem foi responsável por ela? — perguntou Sayen.

— Essa convocação foi feita pelo próprio Luís XVI. É importante entender que o Estado francês havia acumulado uma grande dívida, principalmente devido à participação da França na Guerra de Independência dos Estados Unidos, pois o rei forneceu auxílio militar e financeiro aos americanos na guerra contra os seus colonizadores. Além dessa dívida, a arrecadação de impostos recolhidos pelo governo caiu significativamente, agravando ainda mais a crise econômica. Devido à queda da colheita entre 1787 e 1789, à falta de alimentação e à pobreza, começaram os assaltos e saques em todo o país. Luís XVI, então, convocou os representantes dos três estados (clero, nobreza e povo) para juntos encontrarem soluções para a crise, formando a chamada Assembleia dos Estados Gerais. Nessa assembleia, em que cada estado tinha direito a apenas um voto, o clero e a nobreza se uniam para derrotar o terceiro estado (povo) nas votações, havendo sempre dois votos contra um. Dessa vez, porém, a reação começou justamente nessa Assembleia, o que deu início à Revolução Francesa, quando o terceiro estado transformou os Estados Gerais em Assembleia Nacional Constituinte. Assim, o Terceiro Estado (povo) começou a lutar para que, na França, fosse

22 https://www.britannica.com/event/French-Revolution

criada uma Constituição, acabando com a Monarquia Absolutista e começando uma Monarquia Constitucional[23].

"O primeiro ano da revolução foi marcado pela proclamação, por membros do Terceiro Estado, do Juramento do Jogo da Péla[24], em junho, pela Tomada da Bastilha em julho, pela aprovação da Declaração dos Direitos do Homem e do Cidadão, em agosto, e por uma épica marcha sobre Versalhes, que obrigou a corte real a voltar para Paris, em outubro.

"Embora tivesse consentido com a reunião e afirmasse apoiar os deputados, Luís XVI secretamente convocara o exército para dissolvê-la. A notícia acabaria se espalhando pela cidade de Paris, causando a revolta da maioria da população. Nas primeiras horas do dia 14 de julho de 1789, uma multidão — formada principalmente por operários, artesãos e pequenos lojistas — invadiu os arsenais do governo e tomou posse de mais de 30 mil mosquetes, depois partindo em direção à antiga fortaleza da Bastilha, cuja origem data do século XVI.

"A Bastilha funcionava como fortaleza e prisão dos inimigos do rei, mas, no século XVIII, encontrava-se praticamente desativada, funcionando mais como um depósito de armas do Estado. Na ocasião de sua tomada, ela continha apenas sete prisioneiros. Com pouco mais de cem guardas para defendê-la, a fortaleza foi presa fácil para milhares de franceses que procuraram invadi-la. O governador da Bastilha ainda procurou negociar com a multidão enfurecida, mas acabou decapitado, com a cabeça espetada numa lança. Depois de várias horas de combate, a Bastilha foi tomada e, pouco depois, incendiada. A notícia rapidamente se espalhou pelo reino, animando os insatisfeitos com o regime absolutista, animados pela possibilidade de mudanças efetivas. Por esse motivo, a queda da Bastilha

23 https://www.britannica.com/event/French-Revolution/Counterrevolution-regicide-and-the-Reign-of-Terror

24 Alguns parlamentares reuniram-se numa sala chamada "sala do jogo da péla" (antigo jogo de raquetes, semelhante ao tênis) e lá juraram que não se retirariam enquanto não dotassem a França de uma Constituição. Ver em http://revolucao-francesa.info/assembleia-nacional-constituinte.html

é amplamente considerada como o marco inicial da Revolução Francesa[25], tornando famosa a data de 14 de julho de 1789.

"Em 1791, o rei e sua mulher, Maria Antonieta, tentaram fugir para a Áustria, mas foram capturados pelas forças revolucionárias e levados de volta a Paris. Em setembro de 1792, foi proclamada a Primeira República Francesa e a monarquia foi abolida. O rei Luís XVI foi sentenciado à morte pela guilhotina e executado no ano seguinte. Sua mulher, Maria Antonieta da Áustria, foi guilhotinada em 16 de outubro de 1793, sendo a sua cabeça mostrada à multidão em delírio. A condenação à morte foi pronunciada mais cedo no mesmo dia, às 4h30 da manhã, pelo Tribunal Revolucionário, após um julgamento que durou dois dias[26].

"O rei Luís XVI foi um homem tímido, muito estudioso, que procurou dar aos seus filhos uma educação primorosa. Luís dedicava-se ao estudo de línguas e aos esportes, entre os quais se destacavam a luta e os jogos brutos. Gostava também de serralheria. Casou-se com Maria Antonia Josepha Johanna von Habsburg-Lothringen[27], nascida na Áustria, posteriormente chamada de Maria Antonieta. Por ser austríaca, nunca conseguiu ganhar a simpatia dos franceses.

"A pesquisa sobre o comportamento de Luís XVI foi um pouco frustrante, pois a literatura existente dedica-se mais à Revolução Francesa e ao julgamento, à condenação e à sua execução na guilhotina, bem como à execução de Maria Antonieta. Na ocasião do seu julgamento, ele foi acusado de traição, algo contestado por muitos críticos que alegavam que ele, em realidade, foi traído pelos franceses. Luís era um rei absolutista como eram todos os reis naquela época, algo perfeitamente normal. Entretanto, os tempos mudaram e várias circunstâncias econômicas levaram os franceses a se rebelarem contra a monarquia, não só devido à vida pomposa que Luís e

25 https://www.infoescola.com/historia/queda-da-bastilha/

26 https://www.britannica.com/biography/Louis-XVI. Ver também https://www.historyextra.com/period/georgian/marie-antoinette-facts-life-death-cake-buried/

27 Maria Antonieta (1755–1793)

Maria Antonieta levavam, mas também devido à fome que castigava os habitantes.

"Parece que o rei Luís XVI era um homem que desejava o bem para a população da França, mas aparentemente foi fraco em administrar o país. A sua execução, pelo que foi possível apurar, não prova que dentro dele existia a maldade que lhe é atribuída."

Enquanto isso, os Vivone continuavam a executar seus respectivos trabalhos na Inglaterra, até ocorrer uma fatalidade que abalou seriamente a família. O drama aconteceu em março de 1792, ocasião em que o rei George III ofereceu uma comissão de coronel a seu quinto filho, Ernesto Augusto I, nos Nonos Dragões Luminosos de Hanôver[28], e resolveu fazer uma homenagem a ele, promovendo um almoço no castelo de Windsor.

Além dos nobres que participaram do evento, o rei convidou todos os médicos do castelo, bem como suas esposas. Assim, Ryan, Brian, Sayen e Onatah compareceram à festa. No entanto, o que poderia ter sido um dia alegre se transformou numa tragédia. O almoço, regado com os melhores vinhos, era composto de carnes nobres e peixes do reino além de outras iguarias. Onatah, Ryan e Brian adoravam peixes, enquanto Sayen optou pela carne de caça. Oito horas depois de retornarem do castelo, os três que consumiram peixe sentiram-se mal e passaram a ter vômitos e diarreia durante horas sem fim. Chamados para socorrer os pais, Tuxaua e Temanen, também médicos, fizeram o possível para auxiliá-los, mas foi inútil. O envenenamento foi demasiadamente grave. A única não afetada pela intoxicação foi Sayen, por ter optado pela carne de caça. A família ficou em estado de choque com o falecimento simultâneo de três dos seus membros queridos.

Nos dias que se seguiram, souberam do falecimento da maioria dos hóspedes que consumiram os peixes servidos no almoço, o que foi atribuído à incompetência dos cozinheiros, que não perceberam que os peixes haviam sido armazenados numa câmara onde se

28 https://www.britannica.com/place/Hanover-historical-state-Germany

encontrava uma quantidade enorme de ratos pretos que infestavam o depósito de comida do castelo. Faleceram um total de 54 convidados além dos Vivone. O rei George III declarou luto por três dias em Londres e no castelo de Windsor. A impressão nítida que se espalhou entre a população foi que o envenenamento teria sido proposital para matar o rei George III, mas ele não provou o peixe servido no almoço e escapou de se juntar às vítimas.

No ano de 1799, Sayen, com 76 anos ainda conseguia fechar alguns negócios de peles originárias da América, mas quem realmente realizava a maioria das vendas era Raini. Tuxaua e Temanen foram bem-sucedidos como médicos, enquanto Talli continuava no castelo de Windsor, onde foi promovido a engenheiro-chefe.

As guerras revolucionárias francesas começaram em 1792 e, finalmente, apresentaram espetaculares vitórias que facilitaram a conquista da Península Itálica, dos Países Baixos e da maioria dos territórios a oeste do rio Reno pela França, feitos que os governos franceses anteriores nunca conseguiram realizar ao longo de séculos. Internamente, os sentimentos populares radicalizaram a revolução, culminando com a ascensão de Maximilien Robespierre, dos jacobinos, e de uma ditadura virtual imposta pelo Comitê de Salvação Pública, que estabeleceu o chamado Reino de Terror entre 1793 e 1794, período no qual entre 16 mil e 40 mil pessoas foram mortas. Em 1795, após a queda dos jacobinos e a execução de Robespierre, o Diretório (o regime político adotado pela Primeira República Francesa) assumiu o controle do Estado francês e manteve o poder até 1799, quando foi substituído pelo Consulado, sob o comando de Napoleão Bonaparte[29].

A nação francesa, com a criação do Consulado, novo modelo de organização política instituído por Bonaparte, deveria ser comandada (segundo a nova Constituição) por três cônsules, por um período de dez anos. Entretanto, na prática, o poder ficou todo concentrado

29 http://revolucao-francesa.info/diretorio-e-napoleao-bonaparte.html

nas mãos do próprio Bonaparte. É possível dizer que o Consulado foi um período de paz e prosperidade para a França.

Após estas primeiras medidas, o jovem cônsul percebeu a necessidade de reerguer a economia da França e enfrentar os diversos problemas socioeconômicos que o país atravessava. Assim, Napoleão criou o Banco da França (1800), estimulou a industrialização e realizou importantes obras de infraestrutura. Além disso, reatou as relações com a igreja e assinou importantes acordos de paz com Áustria, Rússia e Inglaterra.

Outro feito de Bonaparte neste período foi o Código Civil Napoleônico, um conjunto de leis que garantia o direito de propriedade, proibia a realização de greves e a criação de sindicatos, algo bem agradável aos olhos da burguesia[30].

[30] http://www.historiadetudo.com/era-napoleonica

CONCLUSÃO DO SEGUNDO VOLUME

Chegamos assim ao final do segundo volume, que compreendeu os anos de 1600 a 1800. No fim desse período, a família Vivone se encontrava na Inglaterra, composta apenas por cinco membros: Sayen, Raini, Talli, Tuxaua e Temanen, pois Onatah, Ryan e Brian haviam falecido em 1792. Mais adiante será mostrada a árvore genealógica da família no ano de 1800.

Conforme denota o título do livro, a nossa preocupação durante o estudo dos personagens que participaram dos eventos históricos é sempre o de determinar se os seus princípios morais se mostraram de acordo com os conceitos emitidos por Francesco Vivone, patriarca de sua família.

Evidentemente, avaliar figuras tão proeminentes como os reis que conduziram os destinos dos seus países, emitir parecer sobre o comportamento dos pontífices e sacerdotes das diversas igrejas, avaliar os chefes de Estado, os políticos e os nobres que atuaram nos vários governos nesse período de duzentos anos é, sem dúvida, uma tarefa difícil. A ideia principal neste capítulo, e no livro como um todo, é determinar quais desses líderes poderiam ser qualificados como **Virtuosos.** Entretanto, foi mais fácil listar os **Não Virtuosos,** pois esses existem em grande quantidade. Por essa razão, o exame identificou os dois.

Antes, porém, são necessárias algumas observações sobre os critérios de avaliação dos personagens. Por que foram condenados os líderes que possuíam pessoas escravizadas? Por que foi considerado como crime a matança de indivíduos considerados hereges? Por que foi condenada a ação de matar soldados numa guerra? E o assassinato de indígenas? Por que razão foram classificados como não virtuosos aqueles que traíam seus cônjuges? Seria possível argumentar que os tempos eram outros e assim explicar os atos que hoje seriam considerados imorais? Por exemplo, o ato de queimar um cidadão por ter traído a sua mulher poderia ser justificado como correto de acordo com os critérios existentes na época da Inquisição? Ou matar mulheres consideradas bruxas? A escravidão de negros e indígenas seria algo normal antes da abolição da escravatura? Enfim, as diferentes épocas da história poderiam ser invocadas para atenuar os costumes considerados imorais?

Apesar de haver muita lógica nesses argumentos, todos os atos acima foram definidos como indignos, independentemente da época e dos costumes que vigoravam em diferentes períodos da história.

Segue, portanto, a análise do comportamento dos principais personagens que ocuparam as páginas deste segundo volume.

1. **Felipe III de Espanha** (1578–1621). Em 1598, Felipe cometeu um pecado. Publicou um édito expulsando definitivamente da Espanha os descendentes dos mouros. Esses mouros tinham sido forçados a abraçar o cristianismo e formavam uma massa de população industriosa, cultivando admiravelmente a terra e enriquecendo o Estado. A sua expulsão foi fatal para a península, que perdeu perto de um milhão dos seus habitantes e arruinou a agricultura e as manufaturas. Os que se recusavam a abandonar o país eram perseguidos como feras e assassinados, ficando somente as crianças de menos de 7 anos, vendidas como escravas. Ao mesmo tempo em que eram expulsos os mouros, Felipe se mostrou incongruente, pois protegia os judeus de Portugal contra os rigores da Inquisição em troca dum

subsídio importante[1]. Assim, torna-se evidente que Felipe III deve ser considerado **Não Virtuoso**.

2. **Rei James I da Inglaterra**. Em 1612, dois ingleses de nome Bartholomew Legatt e Edward Wightman, por se rebelarem contra as doutrinas da religião católica e negarem a divindade de Jesus, foram acusados de heresia pelo bispo John King de Londres. O rei James I tentou inutilmente convencer Legatt a se arrepender e, diante da sua recusa, mandou executá-lo. Legatt foi queimado em 18 de março de 1612. Edward Wightman foi queimado na cidade de Coventry em abril de 1612, também por ordem de James I. Lamentavelmente, apesar de suas outras qualidades[2], a participação de James I nesses dois episódios confirma que ele deve ser qualificado como **Não Virtuoso**.
3. **Wouter van Twiller**. No início de 1640, quando os Vivone se encontravam em Nova Amsterdam, o recém-nomeado diretor-geral Wouter van Twiller, iniciou uma série brutal de campanhas contra os nativos americanos, considerados um obstáculo à colonização europeia, algo que causou uma amarga atmosfera de tensão entre os indígenas e os colonizadores. Sem dúvida tratava-se de um homem **Não Virtuoso**.
4. **Conde João Maurício de Nassau-Siegen** (1604–1679). Nomeado para o cargo de governador das dominações holandesas no Brasil, chegou a Recife em 1637. Nassau foi eficiente e diplomático com os senhores de engenho, oferecendo-lhes recursos financeiros para a compra de maquinário e de escravizados para a fabricação de açúcar. Graças

[1] http://www.arqnet.pt/dicionario/filipe2.html

[2] James I era um entusiasta de literatura e artes, e teve entre os seus autores teatrais o grande William Shakespeare. Além do seu interesse pela arte, foi responsável pela mais famosa tradução para o inglês da Bíblia, chamada *King James Authorized Version of the Bible*, publicada em 1611, uma tarefa de grande alcance para o mundo na época.

à sua administração, Recife e Olinda passaram por um processo de urbanização e melhoramentos significativos. No entanto, o simples fato de financiar os senhores de engenho foi um incentivo para que aumentasse a importação de escravizados. Apesar da escravidão ser algo corriqueiro na época, temos que admitir que esse costume é degradante em termos humanitários. Lamentavelmente, temos que classificar o conde Maurício de Nassau como **Não Virtuoso**.

5. **João Fernandes Vieira**. No ano de 1645, foi membro da Câmara Municipal de Olinda e um dos mais importantes senhores de engenho de Pernambuco, chegando a possuir dezesseis engenhos e mil pessoas escravizadas, em Pernambuco e na Paraíba. Ele gozava da confiança do governo holandês, foi seu colaborador e conselheiro em assuntos brasileiros. Vieira também tinha o apoio da comunidade luso-brasileira devido a seu prestígio econômico e social, suas doações para igrejas, confrarias e pessoas necessitadas, além do seu ingresso, pelo casamento, na nobreza da terra. À época, Vieira acumulara uma dívida de 219.854 florins com a Companhia das Índias Ocidentais. Quando a insatisfação dos senhores de engenho de Pernambuco se intensificou, em virtude da cobrança das dívidas dos produtores de açúcar após a partida do conde Maurício de Nassau para a Holanda, em 1644, o inteligente e astuto Vieira sentiu que haveria vantagens com a expulsão dos holandeses e da Companhia das Índias Ocidentais. Assim, afastou-se deles e se tornou um dos líderes da Insurreição Pernambucana, um dos heróis da Restauração e comandante do famoso Exército Patriota. Apesar do seu heroísmo ao se dedicar à causa da expulsão dos holandeses do Brasil, é necessário considerar que o fato de possuir mais de mil pessoas escravizadas, o classifica como **Não Virtuoso**.
6. **Oliver Cromwell**. Examinemos agora o que ocorreu na Inglaterra entre 1642 e 1649, com destaque para Oliver

Cromwell (1599–1658). Foi uma disputa entre a monarquia representada pelos "Cavaleiros", partidários do rei Carlos I (1600–1649), rei da Inglaterra, Escócia, França e Irlanda, e os chamados "Cabeças Redondas", defensores do Parlamento que desejavam acabar com a monarquia. Participando dos "Cabeças Redondas", Oliver Cromwell chefiou a cavalaria do exército do Parlamento, tendo obtido as primeiras vitórias sobre os partidários do rei (os realistas), em 1644. Cromwell organizou seu regimento de forma democrática, ou seja, os soldados eram pequenos e médios proprietários rurais, alistados voluntariamente, e o critério de promoção baseava-se exclusivamente na eficiência militar. Aos poucos, as forças do Parlamento passaram a se organizar da mesma maneira, formando um novo tipo de exército denominado "New Model Army", imbatível nos campos de batalha. O New Model Army queria a extinção da monarquia, o direito de voto e de representação no Parlamento a todos os homens livres, a separação entre a Igreja e o Estado, o livre comércio e a proteção da pequena propriedade. Sob a liderança de Oliver Cromwell, o New Model Army venceu a guerra, prendeu e decapitou o rei Carlos I e proclamou a república, em 1649. Ocorre que, além de mandar decapitar o rei Carlos I, Cromwell foi responsável por um massacre na cidade de Drogheda de 3.500 pessoas, incluindo 2.700 soldados monarquistas e todos os cidadãos que portassem armas, até mesmo civis, prisioneiros e padres católicos. O massacre foi justificado por Cromwell, argumentando que os defensores da cidade continuaram a lutar, violando as normas de combate, mesmo depois que as muralhas da cidade foram penetradas. Essas medidas contra os católicos na Escócia e Irlanda foram caracterizadas como genocídio ou quase-genocídio. É uma pena que um líder da categoria e da coragem de Cromwell tenha que ser classificado como **Não Virtuoso**.

7. **Carlos II**. Rei da Inglaterra em 1661, Carlos II (1630–1685) era filho de Carlos I, decapitado em 1649. Tornou-se rei da Escócia em 1651. Um dos atos de Carlos II foi realmente grotesco. Dois anos após a morte de Cromwell, Carlos mandou desenterrar os seus restos mortais e promoveu o seu enforcamento simbólico com dois outros (Henry Ireton e John Bradshaw) que, ao lado de Cromwell, haviam assinado a sentença de morte de Carlos I. Em seguida, mandou decapitá-los e espetar as suas cabeças em postes, exibidas em praça pública durante um dia inteiro. Foi uma vingança contra os assassinos do seu pai, mas a maneira bárbara como foi executada permite-nos classificar o rei Carlos II como um monarca **Não Virtuoso**.
8. **Joseph I**. Gostaríamos de contar um pouco sobre o imperador Joseph I, nascido na Áustria. Ele reinou entre 1705 e 1711, tendo falecido nessa data. Nomeado rei da Hungria com a idade de 9 anos e rei dos romanos com 11 anos, Joseph continuou a Guerra da Sucessão Espanhola, iniciada pelo seu pai, contra Luís XIV da França, numa tentativa frustrada de nomear o seu irmão mais moço rei da Espanha. Como uma de suas características, Joseph I não se incomodava de trair sua esposa Wilhelmine Amalia of Brunswick-Lüneburg, com a qual se casou em Viena, em 1699. Acabou contraindo sífilis que transmitiu à sua esposa, tornando-a estéril. Esse seu comportamento permite classificá-lo como um rei **Não Virtuoso**.
9. **D. João V**. Rei de Portugal (1689–1750), nascido em Lisboa. Dedicou-se ao fortalecimento de sua nação como uma potência de primeiro plano. Ganhou o cognome de “Magnânimo”, além de ser também conhecido como “Rei Sol Português”. Dom João começou a se preocupar com o Brasil, para onde canalizou grande número de emigrantes, ampliou os quadros administrativos, militares e técnicos, reformou os impostos e ampliou a cultura do açúcar. Apesar disso, Portugal entrou numa fase de dificuldades

econômicas, devido ao contrabando de ouro do Brasil e às dificuldades do império no Oriente. O acontecimento que mais marcou o seu reinado foi a descoberta de ouro numa remota região do interior do país, em meados da década de 1690, o que iniciou o famoso "Ciclo do Ouro." Na verdade, grandes quantidades de ouro chegaram a partir de 1699. Na primeira metade do seu reinado, chegaram do Brasil quantidades que alcançavam vinte toneladas, uma enormidade. Ainda por cima encontraram, em 1720, grandes quantidades de diamantes. D. João V realizou grandes obras em Portugal. Entre elas destacam-se a construção, iniciada em 1717, do Convento de Mafra, também chamado de Palácio Nacional de Mafra. Entretanto, um lado negativo refere-se ao seu relacionamento costumeiro com freiras ao longo da sua vida, com as quais teve vários filhos ilegítimos. Por esse motivo, ele pertence à categoria dos **Não Virtuosos**.

10. **George I**. Nascido na Alemanha, na cidade de Hanôver, George I (1660–1727) foi duque de Brunswick-Lüneburg desde 1698, e rei da Grã-Bretanha e da Irlanda desde 1714, até sua morte em 1727. Foi também príncipe-eleitor do Sacro Império Romano. O fato de não falar inglês desapontou os ingleses e era por eles ridicularizado. Na verdade, George I só se destacou ao dirigir a política externa britânica durante seus primeiros anos. Além das restrições que os ingleses faziam a George I por não ser capaz de falar a língua do país, o tratamento que ele dava à sua esposa Sophia também não era nem um pouco apreciado. Os britânicos o achavam muito alemão e desprezavam a sucessão de amantes alemãs que ele tinha. Tal comportamento prova que George I era **Não Virtuoso**.
11. **George III**. No capítulo 19 fizemos os comentários a seguir. O rei George III foi conhecido durante e após seu reinado, por sua natureza dócil, benevolente e compassiva. Patrono dos avanços na ciência, agricultura e tecnologia, tinha uma propensão para a coleta de assuntos de natureza científica

e matemática. Ganhou o apelido de "Fazendeiro George", inicialmente devido à atenção que dava aos assuntos ordinários em vez de temas políticos. O nome, no entanto, se manteve até mais tarde, quando as pessoas perceberam o valor da sua humildade e simplicidade. Como rei, sempre evitou falar mal de alguém e, apesar de opiniões mistas sobre ele, é um fato que ainda é reverenciado por muitos, em todo o mundo. Os relatos sobre o seu reinado nos parecem positivos quanto aos aspectos morais, o que nos habilita a classificá-lo com um rei **Virtuoso**.

12. **George Washington**. Ao falarmos da Independência dos Estados Unidos, mencionamos as ações de George Washington, maior responsável pela libertação dos americanos do domínio britânico. Washington se destacou como comandante das unidades de milícia da Virgínia e, em 1775, o recém-formado Congresso Continental o fez comandante do exército americano. Em 4 de julho de 1776, a Declaração da Independência americana estava assinada. Washington conseguiu forçar os britânicos a deixar Boston, mas não teve êxito em dominar a cidade de Nova York. Em 24 de dezembro de 1776, ele desferiu um brilhante e ousado ataque através do rio Delaware, esmagando as defesas britânicas em Trenton e Princeton. O feito elevou o moral das tropas americanas. Mas a vitória final só ocorreu quando Washington derrotou definitivamente o general Lorde Cornwallis (1738–1805) em Yorktown, em 19 de outubro de 1781. Embora um tratado de paz só fosse assinado em 1783, os britânicos haviam sido dominados e nascia uma nova nação. O patriotismo, a correção e a integridade moral são suficientes para classificar George Washington como um homem **Virtuoso**.

A conclusão a que chegamos sobre os valores morais dos personagens entre 1600 e 1800 é lamentável, uma vez que só conseguimos identificar dois líderes **virtuosos**.

Para resumir os comentários feitos nesta conclusão, elaboramos um quadro contendo a classificação daqueles cujos atos foram descritos aqui e narrados em maiores detalhes no corpo deste segundo volume.

O terceiro volume contém os mais importantes acontecimentos no período de 1800 aos nossos dias.

Classificação dos Personagens Analisados entre 1600 e 1800

Virtuosos	**Capítulo**
George III da Inglaterra	19
George Washington, 1° presidente dos Estados Unidos	19
Não Virtuosos	**Capítulo**
Felipe III da Espanha	5
James I da Inglaterra	5
Wouter van Twiller, diretor-geral dos Novos Países Baixos	8
Conde João Maurício de Nassau, da Holanda	8
João Fernandes Vieira, líder da Insurreição Pernambucana	9
Oliver Cromwell da Inglaterra	10
Carlos II da Inglaterra	11
Imperador Joseph I do Sacro Império Romano-Germânico	14
Rei D. João V de Portugal	14
Rei George I da Inglaterra	15

Abaixo apresentamos a árvore genealógica da família Vivone onde constam os seus membros ainda vivos no ano de 1800.

ÁRVORE GENEALÓGICA ATUALIZADA DA **FAMÍLIA VIVONE** NO ANO DE 1800

- Piatã (1531–1612) e Sílvia Taylor (1544–1624)
  - Elza (1578–1654) e Juan Carlos (1575–1654)
- Ybyajara (1531–1612) e Trudy Watson (1542–1624)
  - Charlie (1580–1655) e Bell Peters (1605–1685)
    - Stephen (1636–1720) e Patricia Osborne (1636–1720)
    - Lilian (1669–1742)
    - Albert (1669–1741)
- Cauã (1531–1612) e Sherry Paulson (1542–1624)
  - Bruno (1578–1654) e Betsie Jansen (1605–1686)
    - Burt (1636–1715) e Simone Beaumont (1635–1714)
      - Christopher (1669–743) e Evelyn Wellington (1680–1743)
        - Ryan (1716–1792) e Sayen (1723–)
          - Raini (1745–) e Mabel Harris (1750–)
            - John (1776–)
          - Talli (1746–)
        - Brian (1717–1792) e Onatah (1721–1792)
          - Tuxaua (1745–) e Andrea Watt (1751–)
            - Paul (1776–)
          - Temanen (1746–) e Christine Hopkins (1751–)
            - Robert (1776–)
- Teodoro (1531–1612) e Elizabeth Evans (1543–1624)
  - Alex (1581–1653) e Gisele van Eyck (1605–1686)
    - Olga (1636–1714) e Sigmund Kessel (1634–1714)
      - Otto Vivone Kessel (1669–Ignorado)
      - Dirk Vivone Kessel (1670–Ignorado)

■

SOBRE O AUTOR

Rolf é brasileiro, economista e ex-professor doutor da Faculdade de Economia, Administração e Contabilidade da Universidade de São Paulo (USP), com pós-graduação em Finanças na Universidade Stanford, onde foi professor visitante. Foi também *fellow* na Universidade de San Francisco, Califórnia. Autor de duas dezenas de livros didáticos, atuou ainda como diretor de empresas públicas e privadas, no setor de economia e finanças. A presente obra é uma fuga dos seus livros técnicos, tendo optado por escrevê-la em três volumes, contendo partes de **Ficção** e de **Não Ficção**.

Impressão e Acabamento | Gráfica Viena
www.graficaviena.com.br